5 minutos para crecer

HELIOS HERRERA

5 MINUTOS PARA CRECER

Siempre hay tiempo para aprender, reflexionar y actuar

SÉLECTOR
ACTUALIDAD EDITORIAL

5 minutos para crecer
© Helios Herrera

©
© 2004. Helios Herrera Consultores, S.C.

iStockphoto, foto de portada

SELECTOR
ACTUALIDAD EDITORIAL

D.R. © Selector S.A. de C.V. 2013
Doctor Erazo 120, Col. Doctores,
C.P. 06720, México D.F.

ISBN: 978-607-453-373-6
Tercera edición: agosto de 2015

Consulte nuestro aviso de privacidad en www.selector.com.mx

Impreso en México
Printed in Mexico

Índice

Agradecimientos 9

Prólogo • Dr. César Lozano 11

Introducción 13

I **DESPUÉS DE LOS SUEÑOS, METAS CUMPLIDAS** 15

¿Cómo competir contra los grandes? 17

Los sueños son realidades sólo de quien los sueña 23

Lo que tu mente puede concebir y creer,

lo puedes lograr 29

¿Cómo te comportas en la turbulencia del vuelo? 33

Todo un cuarentón con privilegios 37

Lo que no hacen los exitosos 41

II **LIDERAZGO EFECTIVO** 45

Enfoque y pasión 47

¿Por qué unos líderes inspiran y otros no? 51

Cuestión de no creer 55

Tiempo: no es que tengas poco,

sino que pierdes mucho 59

¿De quién es la responsabilidad de dar servicio? 61

El partido está difícil 65

El padre se queda, con presencia o con ausencia 69

Lo que pones en tu mente lo pones en tu vida   73

Reconstruir al equipo   79

Esto no es México   85

III **ACTITUD, ESFUERZO, RESULTADOS**   89

El decálogo de los productivos   91

¿Qué genera tu riqueza?   95

Capacitación y productividad van juntas   97

La abundancia y las ballenas   99

El niño interior. ¿Qué te dirías?   101

Actitud y productividad. El decálogo de las personas
   con buena actitud   103

¿Darías la vida por tus hijos?   107

Varios años de escenarios   109

La inmediatez del viaje   113

IV **EL ÉXITO NO ES UNA IDEA, DEBE SER TU REALIDAD** 115

Logra tus metas dándoles valor y significado   117

Apenas en la misma línea de salida   125

De gerentes y vendedores   129

Tiempo para la excelencia   133

Inteligencia emocional   137

Todos los gritos de septiembre   141

La fuerza del miedo, ¿la usas o te usa?   145

La crisis no se va a acabar nunca   149

Donación de órganos en vida   153

Pregunta   155

Mi definición de éxito   157

Agradecimientos

Debo reconocer el invaluable esfuerzo que María Fernanda Fuentes, Verónica Hope y Katia Valencia han hecho para poner en orden las ideas, agregar cientos de comas y acentos, así como distribuirlos en los lugares correctos para que hoy puedas leer mi pensamiento de forma coherente. Al incansable seguimiento que han dado para que este material sea lo que es. Gracias por obligarme a aprontar la pluma y hacer espacios en la agenda para coincidir con el teclado.

Por supuesto a todo el equipo de HH Consultores que son (sin lugar a dudas) mis cómplices en este devenir y con quienes constantemente coincido más de "5 minutos de vida".

Al profesional y entusiasta equipo de Sélector, mi agradecimiento infinito por acompañarme en esta extraordinaria experiencia como escritor, por respaldar estos materiales y hacer que lleguen a las manos más indicadas: las tuyas. Celebro la afortunada coincidencia de tantos talentos dentro de esta magnífica casa editorial.

Pero sobre todo a mis amados motores, gasolina y aceite que hacen de mi vida una maravillosa aventura: Fabiola, Mariana, Helios e Ilán. ¡Un esfuerzo más! Otra causa que generará consecuencias.

Prólogo

La lectura es y será siempre una de las mejores estrategias para el crecimiento personal, pues quien lee y se permite abrir la mente a conocimientos relacionados con la calidad, actitud y productividad en todos los aspectos de su vida no es ni será el mismo y cambiará favorablemente su relación consigo y con los demás.

Sin lugar a dudas, el libro que tienes en tus manos contribuirá a aumentar tus conocimientos y herramientas para crecer integralmente y analizar conceptos importantes que difícilmente aplicamos por desidia, rutina o costumbre, situación que nos hace caer poco a poco en un letargo que impide encontrar ese tesoro que tanto anhelamos y creemos tan lejano llamado felicidad.

5 minutos para crecer te será de gran utilidad porque comprenderás los hábitos que aplican los seres humanos exitosos, productivos, organizados y positivos, y que los diferencian de los mediocres, improductivos, desorganizados y negativos que hacen de su vida una eterna lamentación, produciendo una vorágine de pesimismo a su alrededor que afecta a sus familias y a nuestro México entero.

Creo firmemente en los conceptos que expresa Helios y más en el énfasis que imprime a ellos; *a toda acción siempre corresponde una reacción* que depende en gran medida de cada uno de nosotros cambiar los *pensamientos* y las *acciones* para recibir todas las bendiciones que la vida nos tiene preparadas. Helios me hizo recordar que los decretos no son mágicos, pues deben ir acompañados de decisiones y acciones concretas que nos permitan alcanzar los sueños que tanto anhelamos.

Lo claro, lo preciso y lo conciso siempre será agradecido por quienes vivimos en un mundo que nos exige más en menos tiempo y difícilmente nos detenemos a analizar que un día vivido es un día consumido, un día menos de nuestra existencia, y qué mejor manera de darle sentido que a través de cinco minutos que diariamente le darán más luz a la vida.

De manera magistral, mi querido amigo Helios Herrera logra engancharnos en una lectura interesante, ágil, con el toque ameno, entusiasta y divertido que lo caracteriza en sus múltiples presentaciones que ha compartido a millones de personas en el mundo, casi como si lo estuvieras escuchando a través de las letras impresas en este libro lleno de sabiduría.

Una muestra más de como un cuarentón con grandes privilegios, como él mismo se describe, nos comparte su amor por nuestro país, la pasión por su trabajo, logrando trascender al tocar la vida de millones de personas que lo escuchan activamente y lo leen en su exitosos libros.

Gracias, Helios, por ayudarnos una vez más a *pensar, reflexionar y actuar.*

DR. CÉSAR LOZANO

Introducción

Un minuto más

Desde que empecé a publicar artículos de interés general vinculados al desarrollo personal (publicados en el libro *4 minutos para crecer* allá por 2006), son muchas las personas que nos han pedido repetir el formato. Por ello ahora nace "un minuto más", para publicar y poner en tus manos *5 minutos para crecer*.

Siempre hay algo más por hacer. Alguna nueva reflexión, un paso más que nos lleva a la construcción de una mejor versión de nosotros mismos.

Si tienes esto en tus manos, un sincero agradecimiento para ti. Gracias por hacer de *4 minutos para crecer* un éxito total, tanto que hoy es posible este nuevo compendio con muchos más y mejores artículos para compartir, reflexionar, desarrollarnos y crecer juntos. Si bien recuerdas, *4 minutos para crecer* surgió de la necesidad de hacer llegar a todos los participantes de mis seminarios, talleres y conferencias, un canal de comunicación formal, hasta encontrar como solución, un boletín mensual que trajo consigo un compendio de los mejores artículos publicados en *4 minutos para crecer*. La experiencia fue de crecimiento, responsabilidad y gran compromiso para enfrentarme a esa pantalla blanca, lista para recibir mis pensamientos, experiencias y palabras, y hacerlas llegar así a todos mis lectores.

Hoy, *5 minutos para crecer* representa un nuevo reto para mí. Llegar de una u otra forma a más personas, poner a su disposición unas cuantas reflexiones que han sido plasmadas y escritas buscando generar conductas de cambio, de mejora, para ser un mejor individuo y así influir en los demás. Fueron felicitaciones, críticas, retroalimentaciones y comentarios recibidos por *4 minutos para crecer* los que me invitaron, o quizá obligaron, a ofrecer este material con novedosas, mejoradas y cuidadas reflexiones a todos y cada uno de mis fieles lectores.

Debo confesar que tres años después de la publicación de *4 minutos para crecer* mis andanzas han estado especialmente enfocadas en el ámbito corporativo, por lo que la mayoría de los artículos aquí compendiados tienen el matiz dirigido a #GenteProductiva.

Estoy convencido de que siempre hay algo más por hacer, necesitamos empezar a reflexionar sobre nuestras prácticas diarias. Comparto contigo estas palabras, espero que las disfrutes y, sobre todo, que te ayuden y muevan para empezar a ser un agente de cambio.

Piensa, reflexiona y actúa
Helios Herrera

I

DESPUÉS DE LOS SUEÑOS,
METAS CUMPLIDAS

¿Cómo competir
contra los grandes?

Te invito a reflexionar sobre esto: ¿Qué o a quién consideramos grande?, ¿realmente serán tan grandes nuestros competidores, o es que nos vemos demasiado pequeños nosotros mismos?

¿Acaso David necesitó tener la misma infraestructura que tenía Goliat para vencerlo? ¿O fue simplemente su gran maestría en el uso de la honda y la extraordinaria puntería que desarrolló durante años de práctica?

Pensemos en un mal ejemplo: hace semanas un puñado de manifestantes congestionaron el tránsito de una de las ciudades más grande del mundo. No sumaban más de 70 personas las que bloquearon el paso a una de las principales carreteras de acceso a la Ciudad de México. Independientemente de lo nefasto y absurdo que el hecho en sí representa, la realidad tangible es que esos 70 manifestantes no necesitaron mayor infraestructura para afectar a más de dos millones de personas.

Cuando un asaltante con pistola en mano atemoriza a su víctima y obtiene sus pertenencias, no necesita todo el poderío, conocimiento, antigüedad o infraestructura para vencerla.

La verdad es que ni David era más grande que Goliat, ni esos manifestantes más grandes que dos millones de afectados, ni el asaltante más grande que su víctima; lo que es un hecho es que tuvieron un elemento que aumentaba su poder y no su grandeza.

La piedra y puntería de David, la voluntad de los manifestantes y el arma del delincuente son los elementos que los hacen poderosos; es decir, son las ventajas competitivas que los situaron por encima del mercado.

No quiero suponer que vayamos por la vida cerrando tratos a pedradas, manifestándonos afuera de las oficinas de nuestros clientes o a punta de pistola, pero sí que encontremos en nuestro producto o servicio ese pequeño elemento que nos convierte, si no en grandes competidores, sí en competidores poderosos.

El punto a destacar es que en la mayoría de los casos es cuestión de actitud, somos nosotros mismos los que nos descalificamos de la competencia al creernos pequeños, nos descalificamos de antemano por la supuesta grandeza del competidor, sin detectar y consolidar esas puntas de flecha que tiene nuestra marca, nuestro producto o la forma en que ofrecemos nuestro servicio.

No quiero pasar por ingenuo. Sé de antemano que la capacidad financiera de las grandes empresas, la posibilidad de tecnología, activos o experiencia —y más en el actual mundo globalizado— son variables difíciles de vencer como para hablarles de "tú a tú" y ganar contratos. Pero también podríamos dar una lista increíble de oportunidades bien manejadas por empresas pequeñas que dieron y ganaron la batalla simplemente porque se esforzaron en encontrar esos peque-ños elementos de poder en su producto.

Quiero subrayar que el primer paso para dar la pelea con-tra los grandes es creer que podemos ganarla, no sólo estar dispuestos a competir e identificar las pequeñas diferencias que aportan valor y poderío a nuestra empresa.

Hace muchos años celebraba con un amigo mío la adquisi-ción de un auto deportivo de lujo; amén del gusto de estrenar, me hizo un comentario similar a este: "Oye, ahora nada te de-tendrá para hacer citas con gente importante de empresas im-portantes. Con este auto ya estás al nivel." Casi sin pensar en la respuesta le dije: "Y tú, ¿cuántas veces has cerrado negocios en el estacionamiento de tus clientes?". Me rehúso a pensar que lo que me pone en determinado nivel es la posesión de un auto, yo creo que porque he desarrollado el nivel, su conse-cuencia es la posesión material.

Si esperas tener la infraestructura para creer que puedes competir y estar "al nivel", nunca sucederá. Es tanto como la pareja que quiere "estar lista" para ser padres antes de pro-crear, la verdad es que nunca estarás lo suficientemente listo.

Por otro lado, cuando comparamos nuestro producto o servicio con las marcas grandes del mercado y pensamos en competir con ellas, creemos que tenemos que ser igual de grandes para ganarles la guerra. Otra vez, cuestión de actitud y de enfoque, no pretendamos ganar la guerra, sino la batalla. No pretendamos dejar sin clientes o sin capacidad de produc-ción a nuestros grandes competidores, enfoquémonos en ga-nar esta cuenta o pedido específico, no con el afán de debilitar al otro sino de fortalecernos a nosotros.

Comúnmente, vencer o perder la batalla implica conseguir la oportunidad por parte del cliente de ganar la cuenta, enfoquémonos en lo que puede obtener de nosotros y que difícilmente podría recibir de nuestro gigante competidor. Logremos la oportunidad inicial y ya con "el pie dentro", si es necesario, hagamos alianzas con nuestros proveedores o incluso colegas de nuestra misma envergadura.

Comprométete con tu cliente en etapas y aumenta paulatinamente el nivel de compromiso conforme vayas solucionando las cuestiones necesarias para responder al reto que te propone. No te comprometas ni ofrezcas cosas que sabes de antemano que no podrás cumplir. Piensa que tu cliente es tan cliente como tú mismo frente a tus proveedores. ¿Qué buscas en un proveedor? Disciplina, responsabilidad, tiempo de entrega, precio-eficiencia, etcétera. Si tuvieras un proveedor (sin importar su tamaño) muy eficiente, ¿lo dejarías ir por unos cuantos pesos? La mayoría de las veces, no. Un proveedor eficiente es tan difícil de encontrar como una pareja. Piensa cuántas veces has cambiado de impresor, de mecánico o de dentista, y qué pasa cuando alguno de ellos encuentra la forma de satisfacer tus exigencias actitudinales como cliente.

1. Encuentra los pequeños diferenciadores de tu negocio que te hacen poderoso (seas grande o pequeño).
2. Desarrolla esos diferenciadores hasta fortalecerlos como una clara ventaja competitiva.
3. No estarás "al nivel" cuando tengas la infraestructura. Tendrás la infraestructura cuando hayas desarrollado ese "nivel".

4. Ten confianza en ti y en tu equipo de trabajo.

5. Enfócate en ganar cada batalla, no la guerra.

6. Trabaja en equipo, acepta y fomenta alianzas con tus proveedores, incluso con algunos colegas.

7. Comprométete por etapas, no prometas lo que no puedes cumplir.

8. Un proveedor eficiente es un gran tesoro, tus clientes no te dejarán ir si satisfaces sus necesidades.

Los sueños son realidades
sólo de quien los sueña

Como diría Og Mandino en su legendario libro *El vendedor más grande del mundo:* "Persistiré hasta alcanzar el éxito". Nótese que la frase célebre no dice: "Persistiré hasta que me canse", ni: "Persistiré siempre y cuando sea fácil"; tampoco dice: "Persistiré hasta que encuentre algo más seguro, mientras me confirman la propuesta de empleo o mientras llega algo mejor". Dice clara y puntualmente: "hasta alcanzar el éxito". Y es que amigo(a) emprendedor(a), como tú, en varias ocasiones de mi vida he estado en la necesidad de fondear proyectos de negocio a través de terceras personas, ya sean colegas, desconocidos capitalistas, instituciones, bancos o bancas de inversión.

El vía crucis es largo y el ritmo de avance comúnmente lento, al menos para la velocidad que el emprendedor quisiera; en algunas ocasiones la postura del emprendedor es: "¡Dime que sí o que no, pero dímelo ya!". Como te comenté, he vivido en carne propia lo desgastante que es el proceso para conseguir capitales, sobre todo para proyectos de gran envergadura: procesos, citas, explicación de tu proyecto una y otra vez, papeleo, negativas, críticas y a veces hasta burlas golpean el ímpetu del emprendedor.

Y es que como menciono en mi libro *Alcanza tus sueños:* "Los sueños son una realidad física sólo en la mente de quien los sueña". Permíteme explicarlo más a fondo, todos los seres humanos tenemos un estilo de vida A y otro B. El primero está formado por nuestra cotidianidad y realidad tal como es; el segundo, por la cotidianidad y la realidad como podría ser en el futuro cercano: como nos gustaría que fuera. Cuando gestamos un proyecto específico lo hacemos desde el punto de vista de nuestro estilo de vida A, pero proyectado a nuestro estilo de vida B; es decir, sólo en nuestra mente el proyecto en cuestión existe y es viable.

Cuando un joven asume con entusiasmo la meta de comprar un coche, su familia más cercana —sus padres y hermanos comúnmente— hace comentarios como: "¿Estás seguro?", "¿Cómo crees?", "Eso no es para ti", y opiniones similares. Sucede porque frecuentemente los demás asumen el análisis de la factibilidad de la realización de nuestros proyectos a través del análisis de nuestra situación actual (estilo de vida A), ya que desconocen la capacidad de comprometernos a hacer lo indicado para materializar ese proyecto y llevarlo al éxito (estilo B).

Mientras más novedoso sea nuestro proyecto de vida o de inversión, mayores dificultades enfrentaremos al encontrar aliados, socios o elementos que hagan sinergia con nuestros planes, pues mientras más novedoso sea el plan, más alejado estará del estilo de vida A de nuestros posibles socios o aliados.

Tu proyecto comúnmente parece imposible a los ojos de terceros, y no sólo lo parece, sino que es imposible a sus ojos, ya que lo analizan tomando como base su realidad actual y lo que perciben de tu realidad.

Déjame darte un ejemplo concreto: imagina que vivimos en un mundo que no sabe utilizar la energía eléctrica, aún no ha sido descubierta ni perfeccionada. Nos alumbramos con lámparas de petróleo, no gozamos de ninguno de los privilegios que dependen de la electricidad (no hay tele ni radio), ni podemos hacer compras de consumibles para toda la semana ya que no contamos con refrigeradores en casa. Ahora imagina que uno de tus más grandes amigos, de hecho tu compadre, es nada más y nada menos que el mismo Thomas Alva Edison.

Imagina a tu compadre tan parecido a cualquier otro de tus amigos cercanos, con todo y sus limitaciones, complejos y malas conductas; probablemente fanático del futbol o del dominó. Ahora piensa que llega este compadre eufórico, apasionado y te dice algo como: "Fíjate que voy a inventar un aparatito que nos permitirá tomar la luz del día, meterla dentro de un frasco y así usarla en la noche".

¿Qué le dirías? Seguramente tus respuestas serían algo como: "¿Estás loco?", "¿cómo crees?", "¡no inventes, cómo se te ocurre algo tan absurdo!" Puedes tener la seguridad de que al principio al mismísimo Edison sus amigos más cercanos y sus familiares le dieron ese tipo de sentencias. Ahora imagina que te pide 30 000 dólares prestados para apoyar su proyecto.

¿Has dejado de querer a tu compadre por la locura de su proyecto? Por supuesto que no, al contrario, justo porque él es importante en tu vida te preocupa que malgaste la suya en la consecución de un proyecto que parece tan absurdo. Más aún, cuando lo ves encerrado en el viejo laboratorio del garaje más de diecisiete horas diarias, privándose prácticamente de todo: de compartir tiempo con sus hijos, de caminar por el parque, administrando precariamente una economía casi insostenible y orillando a su propia familia a privaciones básicas en el tenor económico. Hasta te sentirías dispuesto a desalentarlo conscientemente: "Compadre, deja esas tonterías, mira, si quieres yo te doy trabajo como director en mi empresa." Y, por supuesto, podría parecer indignante la respuesta y el rechazo de nuestro apoyo. "Le ofrecí un buen empleo, la alternativa de transformar su vida y la de su familia, y él simplemente prefirió seguir perdiendo el tiempo en su laboratorio con sus estupideces de la luz... ¡que se pudra él solo!". Y es que a los ojos de los demás, el proyecto de nuestro amigo eso parece, analizado desde nuestro propio concepto de realidad. ¿Cómo podría ser de otra forma? ¿Cómo podríamos creer que el buen "Tommy", vecino y amigo, inventará algo tan a todas luces imposible?

Los sueños son realidades mentales sólo de aquel que los sueña. El grado de convicción de nuestro amigo Thomas era tal que no sólo estaba dispuesto a sacrificarlo todo y más, sino que persistió hasta encontrar la forma correcta de materializar su proyecto. Vaya, para él no había posibilidad de que su proyecto fuera irreal, él sabía, intuía o quería creer que era viable al grado de que fue capaz de intentar el ejercicio de la bombilla incandescente más de 5 000 ocasiones. ¡5 000 intentos!, no tres, ni diez, ni cien; sino 5 000 veces.

Ante los ojos de cualquiera podría leerse 5 000 fracasos, frustraciones o intentos fallidos. De acuerdo con una de las biografías de Edison, un reportero lo interrogó un buen día:

"Señor Edison, ¿qué se siente fracasar 5 000 veces?", la respuesta fue categórica: "No entiendo su pregunta, no he fracasado una sola vez, he descubierto y aprendido 5 000 formas diferentes de cómo no funciona este asunto, pero estoy seguro de que en el próximo intento acertaré." Hoy ni siquiera reparamos en la complejidad de la aportación de Edison a nuestra cotidianidad: con sólo accionar un interruptor podemos disfrutar sus 5 000 intentos, lo mismo que sus más de 950 patentes que como inventor fue capaz de materializar en igual número de objetos que, hoy por hoy, nos permiten una realidad, un estilo de vida A extraordinariamente diferente al de nuestros antecesores.

Así pues, espero inspirarte un poco de paciencia y aliento. Tu proyecto de vida, tu proyecto de inversión, la ampliación de tu planta, el lanzamiento de ese novedoso producto o sistema, lo mismo que la inauguración de tu nueva casa o la graduación de tu hijo en una prestigiada universidad son para ti realidades mentales, pero para todos los demás, incluyéndome a mí, sólo propuestas de futuro.

Convencer a algún inversionista, sea persona física o institución, a arriesgar su patrimonio para apoyar tu sueño no será nada fácil. Algunos te pedirán enormes garantías, otros te prestarán mucho menos de lo que necesitas siquiera para empezar. Debes, pues, elaborar planes de negocios "de menos a más", procurando explicar claramente cómo y qué harás para que el capital retorne a tu socio; pero más aún, fortalecer tu voluntad, tu compromiso personal con el proyecto, tu convicción y tolerancia a la frustración.

Estoy seguro de que tarde o temprano los demás, los que ahora vemos tu proyecto como una propuesta de futuro, seremos los usuarios complacidos y cotidianos de tu persistencia; casi en forma inadvertida, accionaremos el interruptor que nos permita beneficiarnos de tu proyecto. Mientras tanto, eres posiblemente el único en considerar tu proyecto como una alternativa real en el aquí y en el ahora, es decir, el único posible *hacedor de tus sueños*.

Tu sueño, tu proyecto personal depende sólo de ti para materializarse, nacer y desarrollarse. No lo traiciones, no claudiques, no permitas que muera antes de nacer, ¡no lo abortes! Persiste hasta que alcances el éxito.

Lo que tu mente puede concebir y creer, lo puedes lograr

Lo que la mente del hombre puede concebir y creer, es lo que puede lograr. "Los pensamientos son cosas poderosas que cuando se mezclan con un propósito definido, y el deseo ardiente, pueden traducirse en riqueza." Cité textualmente a Napoleón Hill, pero han sido diversos autores los que han hablado de esto; en su momento lo hicieron Carnegie, Mandino, Nightingale, Bach y otros; muchos de los escritores de la literatura inspiracional recurren a este precepto.

Nos dieron la capacidad de soñar y la capacidad de convertir nuestros sueños en realidades tangibles. ¿Te imaginas qué injusto sería que pudiéramos soñar pero no tuviéramos la capacidad de transformar la realidad? Hay que atrevernos a soñar todo aquello que estemos dispuestos a lograr.

Piensa qué es lo que anhelas, qué es lo que te gusta, de qué tienes deseos, con qué te puedes apasionar, con qué precepto te puedes comprometer al grado de investigar los límites, las fronteras, y vencerlos para lograr tus sueños.

La mente es el arma más fuerte que tenemos los seres humanos, la herramienta más poderosa son nuestros sueños y pensamientos, estamos hechos para soñar; nuestro Creador nos dio la extraordinaria capacidad de hacerlo, somos la única especie capaz de tomar un vegetal y convertirlo en fibra, en tela, en una suntuosa prenda de vestir. Somos la única especie capaz de imaginar una realidad distinta y contamos con una inmensa capacidad para transformarla.

Todo aquello que pongas en tu mente y en tu corazón, como aquel sueño de grandeza, aquel proyecto extraordinario, si tienes la capacidad de creerlo, de ponerlo en práctica y de buscar las acciones concretas que te lleven a su consecución, lo puedes lograr. No importa cuántas veces hayas fallado y cuán chicas o grandes sean tus metas, puedes encontrar tu sentido y obtener todo aquello que quieres lograr. El poder está bajo tu control, este poder es más grande que la pobreza, más grande que la falta de educación y más grande que todos los temores y supersticiones combinados; es el poder de tomar el control de nuestra propia mente dirigida a la consecución de todas nuestras metas y sueños.

El ser humano soñó con tocar la Luna, con vencer epidemias, lograr cosas extraordinarias y lo ha logrado.

Esta humanidad es el reflejo de la disposición que tienen los hacedores de la historia para comprometerse con sus sueños y con sus proyectos; nunca ha sido fácil lograr un sueño, pero es más sencillo cuando nos comprometemos con él hasta su máxima consecuencia. Piensa, ¿qué sueños, proyectos, metas hay en tu corazón provocando la sensación de que falta algo?

Tenemos una extraordinaria capacidad de soñar y una inmensa capacidad de lograr nuestros sueños; éste fue el regalo más grande del Creador al ser humano, porque es la única cosa sobre la que el hombre tiene el total derecho de controlar y dirigir; podemos usar este poder divino para atraer todas las cosas que queramos, ya que es un hecho que, sea lo que sea de lo que tu mente se alimente, eso es lo que ésta atraerá hacia ti. Aquí radica la importancia de reconocer y de hacernos conscientes de que todos los éxitos empiezan con la claridad con que definamos nuestros propósitos, metas y sueños, así como de lo que queremos en la vida.

Tenemos el poder de controlar nuestra mente y dirigirla hacia cualquier fin que elijamos; Dale Carnegie lo describió así: "Todos traemos el equivalente a dos sobres sellados y uno de ellos tiene una etiqueta: 'las riquezas (lo positivo) que vas a disfrutar si tomas posesión de tu propia mente y la diriges a fines de tu propia elección' y éstas son: buena salud, paz mental, un buen trabajo elegido por ti y al que amas profundamente, estar libre de temores y preocupaciones, una actitud mental positiva y, por consecuencia, riquezas materiales de tu elección y cantidad. Ahora bien, el otro sobre tiene una etiqueta: 'las faltas (lo negativo) que debes pagar si te niegas a tomar posesión de tu mente y dirigirla adonde quieres llegar', aquí las consecuencias son situaciones tan negativas como mala salud, una vida llena de temores y preocupaciones, indecisiones y dudas, una enorme carga de frustración y desaliento y, como consecuencia, pobreza y todo tipo de necesidades y carencias físicas, emocionales, espirituales."

Y tú, ¿qué sobre eliges? Me imagino que será el de las "riquezas"; si es así, comienza por determinar lo que más deseas en la vida, lo que te llevará a alcanzar el éxito. Y no olvides que la única limitación es aquella que impondrás tú mismo a tu mente, o las que permitas que otros te impongan. Comprométe a definir lo que darás a cambio de aquello que deseas en la vida y da, da y da. Que no se te olvide que para recibir hay que dar primero, recuerda agradecer por todo lo que eres y lo que recibes; así verás revelado un mundo con circunstancias que tú mismo vas creando.

Nunca olvides que si piensas en grande tus hechos crecerán, si piensas en pequeño te quedarás atrás, y si piensas que puedes, ¡puedes!, recuerda que todo está en tu mente.

¿Cómo te comportas en la turbulencia del vuelo?

La palabra *crisis* se define como: "La situación generada por un cambio para el cual no estábamos preparados." Así pues, cuando pescamos un resfriado, nuestro cuerpo no estaba preparado para el cambio brusco de temperatura y entra en crisis.

La economía mundial está continuamente en crisis (por cambios súbitos); el asunto es que los ciclos ahora son tan rápidos entre la globalización y la velocidad con que fluye la información, que más bien tendremos que acostumbrarnos a estas transformaciones y prepararnos a recibirlas. Es la manera como reaccionamos a los cambios y qué tanto nos preparemos a recibirlos lo que hace que entremos o no en crisis.

Seguramente has estado en un vuelo a media turbulencia. Recuerda la situación más espeluznante vivida en el aire, el avión subía y bajaba como yoyo. Si fue realmente fuerte, la reacción de las personas a tu alrededor seguramente generó aún más tensión (si es que no fuiste tú quien la generó). He aquí un estado de crisis, un cambio brusco para el cual no estaba preparado.

El asunto que quiero destacar es cómo ante la misma realidad, cada pasajero reacciona de manera completa y absolutamente diferente. Hay quienes entran en pánico, otros se disuelven en su propio sudor, tensan cada músculo del cuerpo y aprietan la mandíbula; muchos más, por supuesto, encomiendan su alma a Dios y tratan de rezar con hipo un padrenuestro pensando en congraciarse con Él en unos cuantos segundos, "por si acaso". Pero hay también quien simple y sencillamente sostienen su bebida con la mano y tratan de no mojarse mientras, casi con flojera y un tono emocional relajado, piden que se les rellene el vaso. Otros duermen y seguirán dormidos y, por último, los menos, disfrutan el asunto de las bolsas de aire como si estuvieran en la mejor atracción de Orlando.

Una cosa es segura, cada cual asumió una postura y tuvo sus propias consecuencias. Independientemente de que la realidad es la misma para todos los pasajeros, hubo quienes decidieron sufrir el incidente y lo sufrieron, los que permanecieron indiferentes y quienes lo disfrutaron.

Qué verdad encierra aquello de que la vida depende en su mayor parte de cómo reaccionamos a lo que nos ha sucedido. Qué verdad aquella de que hay quienes lloran abruptamente ante la inminente crisis económica y otros deciden abrir un negocio para vender pañuelos desechables.

Al final del día, la necedad pareciera abrumadora. Si ya sabemos que son inevitables los brincos de la economía, del avión en turbulencia, de los fenómenos naturales, de la salud, de las hormonas cuando pasan los años, etcétera... ¿Por qué seguimos entrando en crisis si teníamos la oportunidad de prepararnos para recibir esos cambios?

La manera en que anticipemos los cambios (que serán la constante) y tengamos diseñados planes de contingencia en todas las facetas de nuestra vida, aminorará por supuesto el impacto de las situaciones pero afectará como en el avión: más a algunos pasajeros que a otros.

He aquí cosas simples que pueden ayudar:

1. Entiende la naturaleza de los cambios que generan las crisis. El conocimiento siempre vence al temor.
2. Habla con tu equipo de trabajo directo y escúchalo. En la medida de lo posible siembra conocimiento donde hay miedo.
3. Diseña planes de contingencia antes de que los cambios lleguen, sobre todo cuando tenemos certeza de que los cambios llegarán.
4. Un grupo cohesionado se convierte en equipo cuando cada individuo ofrece lo mejor de sí en beneficio de los demás. No puedes tener al mejor jugador en cada puesto, pero siempre podrás buscar lo mejor de cada uno y disponerlo en pro del equipo.
5. Las vacas gordas deberán alcanzarte para prevenir la época de vacas flacas, y esto aplica a tus hormonas, a la salud, a la economía, a la situación de tu negocio, matrimonio, familia, estado de la República Mexicana o país.
6. No hay nada totalmente bueno ni malo, cuando los golfistas se quejan de un día lluvioso algunos maratonistas agradecen la frescura del clima, para ellos estas condiciones son las de un día perfecto.

7. La turbulencia es para todos, pero como te comportes durante ella determinará si la sufres, la disfrutas o si creces y te fortaleces ante ella.

Todo un cuarentón con privilegios

"Todo un cuarentón con privilegios, me presume frente a sus amigos." Así versaría "Casi perfecto" interpretada primero por Ana Cirré y luego por Laura Pausini, y así me siento ahora (no casi perfecto, sino cuarentón con privilegios). Efectivamente, el otoño se llevó mi pelo, aunque casi quince años de tratamientos capilares especiales lo han defendido de manera feroz; escondo la panza bajo el saco a fuerza de respiraciones profundas o de martirizar el cinturón (aunque también le echo ganitas al ejercicio para no tener mucho que esconder); me gustan los niños, los juegos y claro, soy el ejemplo de marido (bueno, casi ¡ja!). Pero sobre todo, al cumplir 40 me permito ver hacia atrás y revisar el punto de partida. Ver en qué me he convertido y sonreír: un cuarentón con privilegios. Y es que la vida misma es un privilegio. Una esposa que te ame y te comprenda es un privilegio, tres maravillosos hijos que no dejan de inspirar mis esfuerzos, un equipo de trabajo comprometido, entusiasta y profesional; un par de socios y cómplices en el camino, un montón de amigos y relaciones afectivas; salud, inteligencia, conciencia; en fin, privilegios, privilegios y más privilegios. Mejor dicho, bendiciones, bendiciones y más bendiciones.

No puedo más que agradecer a Dios y a la vida tantos pequeños milagros puestos juntos; bendiciones, la oportunidad de hacer aquello que amo y de amar aquello que hago. Veo el futuro y también sonrío por las posibilidades de lo que puedo construir en él.

A la distancia, el balance es afortunado. Por supuesto, también han sucedido cosas tristes; creo que lo que realmente lamento es la pérdida de un par de amigos muy queridos, ojalá sus vidas estén colmadas de paz, armonía y abundancia.

En mi mente cuarentona se desbordan paisajes, sentimientos, lágrimas, risas, risas, muchas risas; afectos, pasiones, escenarios y camisas empapadas en sudor al bajar de los templetes en una especie de incontinencia emocional que no me permite descansar del todo cada noche, tratando de robarle "a mis noches el sueño", pensando en qué otro proyecto sigue, qué nuevo grupo, qué auditorio, qué nueva forma para tratar de impactar y de convencer a otros de que pueden hacer de sus vidas una experiencia extraordinaria.

Cuando pregunto en mis conferencias: "¿Cuántos años tienes?", invito a reflexionar sobre cómo pretendes vivir los años que realmente tienes; es decir, los que están por delante sin dejar de lado la revisión de qué te han dejado los ya vividos.

Cada día que pasa, nos acercamos un día a nuestra muerte, cada día que pasa nos consumimos un poco.

¿Ha sido tu existencia provechosa? ¿Has tocado la vida de otras personas? ¿Has estado a la altura de la tarea que Dios dispuso para ti?

Por mi parte, deseo simple y llanamente decirte gracias por ser parte de los motivos que inspiran mis esfuerzos, gracias por ser parte de mis privilegios, gracias, gracias, gracias.

Lo que no hacen los exitosos

Los últimos 25 años los he pasado de aquí para allá dando más de 2 000 seminarios y conferencias a más de dos millones de personas en muchas empresas, la mayoría grandes corporativos, instituciones y gobiernos. He tenido la maravillosa oportunidad de conocer y convivir con personas como tú y como yo, así como con grandes personalidades del deporte, la política, las comunicaciones y con altos ejecutivos y empresarios millonarios. Con toda esta gente que ha triunfado y alcanzado el éxito me he dedicado a analizar, además de lo que han hecho para lograrlo, lo que cotidiana y rutinariamente no hacen:

Poner excusas: Saben que éstas son razones para no hacer las cosas y una muy mala manera de utilizar las neuronas. En este mundo crecemos a partir de los problemas que resolvemos y no de los que justificamos.

Ver el trabajo como obligación rutinaria: Lo entienden como una plataforma y como un camino para crecer. Como les gusta crecer en conciencia, siempre están en el trabajo diseñando una rutina de vida y disciplinadamente van a la oficina a hacer lo que deben hacer y lo hacen bien, con excelencia.

Meter el dedo en la nariz en medio de una sesión de consejo: Son personas como todos: comen, tosen, fuman, maldicen, pierden el estilo, pero respetan los protocolos del éxito. Son respetuosos de las formas porque entienden que vivimos en un mundo de relaciones, son empáticos, no hacen lo que no les gusta que hagan los demás.

Pensar sólo en su beneficio: Casi ningún exitoso que conozco vive obsesionado con hacer más fortuna; entienden que el éxito es consecuencia y saben que la realidad se materializa por la ley de causa y efecto. No fijan su atención en lo que van a obtener, sino en lo que deben sembrar para cosechar después; y como lo que siembran afecta positivamente la vida de los demás, la consecuencia será positiva y benéfica para ellos.

Pensar cómo no hacer algo: Entienden que la creatividad, la productividad y el movimiento a favor de la acción implican que el cerebro funcione "hacia adelante" y no "en reversa"; por inercia, con el paso del tiempo sus cerebros automáticamente piensan en cómo es posible lograr las cosas.

No tolerar a los mediocres ni a la mediocridad: Los exitosos no alcanzan a entender la mediocridad, les estorba, les enferma, les incomoda y la repudian. Esto los hace intolerantes a los ojos del vulgo, pero el vulgo les importa muy poco.

Descuidar los detalles: Cualquiera puede hacer las cosas, pocos pueden hacerlas bien, pero muy pocos las hacen realmente con excelencia. Cualquier pintor dibuja una mano. Muy pocos le agregan huellas digitales, cicatrices, color, uñas y pelitos en los nudillos; el resultado final siempre es valorado.

Hacer de un mal rato un mal día: Pueden enfurecerse en la mañana pero no permiten que malas circunstancias los definan. Ellos las crean, modifican su perfección, respiran profundo y deciden disfrutar de lo bueno a pesar de lo malo. Buena actitud ante todo.

Creer en el fracaso: No se estancan en un fracaso y no es que les guste fracasar pero entienden que es como la cáscara del plátano: ésta es amarga y dura pero saben que no se la tienen que comer.

Descubrir cuánto éxito tienen hasta que alguien se los recuerda: Están tan enfocados en hacer lo que aman, lo disfrutan y creen tanto en su proyecto de vida que lo que menos les motiva es llegar a determinado nivel de éxito. Avanzan y al mirar atrás se dan cuenta de que están viviendo una mejor versión de sus sueños de juventud.

Dejar de divertirse y aprender: Están llenos de buen humor, disfrutan la vida a plenitud, viven aquí y ahora, y no permiten que una mala experiencia se convierta en una mala vida. ¡Ahí está la clave!

II

LIDERAZGO EFECTIVO

Enfoque y pasión

En medio de la gran euforia colectiva generada por un tremendo cierre emocional, en el auditorio donde se realizó el acto masivo, el conferencista, con lujo de exhibicionismo y exagerado tono energético grita al auditorio con micrófono en mano:

—¿Cuál es el mejor día de tu vida?

El auditorio frenético aclama al unísono:

—¡Hoy!

—No, no, no, así no —insiste el motivador impositivo, ¿Cuál es el mejor día de tu vida?, ¡con fuerza!

Comprometiendo la garganta, intoxicados de endorfinas, con la emoción a tope y, claro, con la inconsciencia provocada por decir "con fuerza", la voz de mil gargantas grita:

—¡Hoy!

A lo que el estimulador profesional responde:

"Pues apláudete hoy, apláudete fuerte, que hoy y sólo hoy estás vivo, hoy y sólo hoy es el mejor día de tu vida."

¡PURA MIERDA!

Puedo entender que no sea el mejor, pero hoy es el único día que tienes, el que realmente importa porque es el único que hoy puedes vivir. Sin embargo, pretender que todos los días de tu vida son o han sido "el mejor de tu vida" me hace reiterar: ¡Pura mierda! No es cierto, hay decenas, tal vez centenas o millares de días en tu vida que simplemente han transcurrido sin pena ni gloria.

Considera que por cada década han transcurrido 3 650 días de tu vida; si como yo estás por ahí de la cuarta década, son 14 600 los días que han avanzado en el reloj. Ya sin endorfinas, ¿quieres realmente aceptar la idea de que todos han sido el mejor día de tu vida?

La vida desde mi óptica es el cúmulo de grandes escenas vividas. Cuando volteas a tu origen y te llenas de recuerdos puedes hacer una selección de esos "tus mejores días", entonces descubres con objetividad que no han sido todos, realmente han sido pocos los que destacan, los que hicieron la historia de tu vida.

En tu memoria, "de entrada", has perdido todos los de tu primera infancia. Tal vez el primer día del kínder, tu primer viaje a la playa, el primer amigo, el primer noviazgo, el primer beso, el día de tu boda, el nacimiento de tus hijos, la muerte de tu abuela. Por supuesto, todos tus éxitos profesionales, al igual que todos los fracasos; salud, enfermedad, penas o alegrías. Son muchos, tal vez también son miles, pero no son todos. La magia aquí es el común denominador de todos "esos días" que han sido "el mejor de tu vida".

En todos, estimado lector, absolutamente en todos los días —los buenos y los malos, los alegres y los tristes, los para bien y los para mal— hay dos elementos que se repiten: los viviste con **enfoque** y **pasión**. Entendiendo estos términos como:

Enfoque: Toda tu concentración consciente en algo.
Pasión: Toda tu emoción comprometida en ese algo.

La magia de estos conceptos es que aunque no todos los días son "el más importante", sí puedes "aderezar", por así decirlo, conscientemente cualquier día de tu vida, incluso hoy, con la certeza plena de que estos dos ingredientes han formado parte de los mejores días de tu vida, incrementando la probabilidad de que el día de hoy se sume al selecto grupo de "los mejores de tu vida".

Si nos pusiéramos una meta tangible el día de hoy, y a partir de este día contáramos un año, digamos que sólo uno de cada diez días fuera significativo para el año y decidiéramos en conciencia vivirlos con enfoque y pasión. Yo no sé, estimado lector, cuántos al final del año terminarían siendo "los mejores días", pero te aseguro que ni diez por ciento de ellos se convertirían en "los mejores de tu vida".

Si con una meta tangible, objetiva y consciente no logramos designar algunos días como los "mejores de nuestra vida", viviendo sin esta vaga conciencia, son miles los que simplemente vivimos inmersos en la rutina y en la cotidianidad, encontrando más días significativos en los que representan algo negativo o doloroso que en los positivos y agradables.

Te invito a que predetermines al menos un objetivo pragmático: incrementa los días que vives con enfoque y pasión, e incrementarás la posibilidad de tener "el mejor día de tu vida" cada semana, cada mes, cada año y cada vida.

Con mi más sincero deseo de que encuentres lo que buscas, mejor aún: de que busques algo y lo encuentres y en tu vida no falten nunca enfoque y pasión.

¿Por qué unos líderes inspiran y otros no?

Hace algunos meses me pidieron una conferencia en la que tomara como modelo el caso WalMart en el mundo. Al poco tiempo, un buen amigo me recomendó una conferencia en internet; entonces las cosas se conectaron maravillosamente.

Existe un común denominador entre los grandes líderes u organizaciones, entre aquellos que logran realmente hacer que miles o millones de personas se vinculen con sus marcas, productos, ideas o atributos.

Resulta que las empresas e instituciones se comunican siempre "de afuera hacia dentro". Le dicen al mercado primero "qué hago" y luego "cómo lo hago", por ejemplo: "Vendo coches (qué). Los mejores coches deportivos al mejor precio (cómo)." Pero pocas empresas o instituciones, pocos líderes, aterrizan en un "por qué lo hago". Y no sólo es importante comunicar el porqué, sino que hay que ponerlo por delante.

Cuando Sam Walton inició su negocio, nunca empezó una reunión con su equipo de trabajo diciendo: "Somos la empresa de venta al menudeo más grande y rentable del mundo (el qué) porque 'damos el precio más bajo siempre' (el cómo)." Lo que realmente les decía es el porqué: "Debemos poner al alcance de la familia norteamericana cualquier producto o servicio para mejorar la calidad de vida del hombre promedio." Cuando uno comparte el ideal, la visión y el propósito final del esfuerzo, cuando uno externa en qué cree, favorece que las personas identifiquen el mismo sistema de creencias básico y permite que quienes coinciden con ese ideario se vinculen "de adentro hacia fuera" con la causa del líder.

Si analizamos cualquier estructura social masiva con miles o millones de seguidores encontraremos el mismo patrón. Las personas se vinculan con el porqué aunque el cómo y el qué incluso no les convenzan del todo.

Lo mismo Amway que genera "libertad financiera" para miles de personas, Casas GEO "creando el mejor lugar para vivir en comunidades sostenibles", Disney "creando el lugar más feliz del mundo", Nadro "llevando salud a miles de familias" o cualquier otra institución de liderazgo probado, vinculan sus seguidores con el porqué del esfuerzo.

Cuando el líder habla al corazón de su equipo, realmente le habla al cerebro límbico, el encargado de decodificar los instintos, la inteligencia emocional subjetiva. No hay líder que genere seguidores con datos y cifras como tampoco hay producto que se venda en el mercado previa lectura del manual de funcionamiento. Las relaciones entre personas, marcas y productos se generan a través de los vínculos emocionales, de confianza. Ese "no sé qué, que qué sé yo" se obtiene al vincular tu discurso y tus acciones a la emocionalidad de tus seguidores, a su sentido sublime por encima del cognitivo.

Así pues, antes de intentar ser seguido porque tu producto o empresa "es el mejor en el mercado", "tiene los mejores precios" o "es socialmente responsable", identifica cuál es el fin último de tu servicio o producto, tu propia gestión como líder, ¿por qué el mundo puede ser un mejor lugar si me vinculo a tu causa, a tu esfuerzo, a tu cotidianidad? Si mi corazón (mi cerebro límbico) realmente confía y cree en ello, tendrás un soldado dispuesto a todo por tu empeño.

Cuestión de no creer

El asunto de la motivación en grupos colectivos es mucho más sutil y elaborado que simplemente tomar un micrófono y gritonearle al participante: "¡Tú puedes! ¡Tú puedes!"

Habría que plantearse un asunto de lógica elemental: "¿Por qué alguien que no conozco (por mucho que maneje la emocionalidad de un grupo) podría convencerme de que 'yo puedo, yo puedo', si llevo años de vivir conmigo y de saber (o creer) que no puedo, no puedo?". Y es que el objetivo en términos claros y directos es otro. Al menos lo que me ha funcionado durante estos últimos años es no tratar de convencer al auditorio de nada, ni siquiera hacer el esfuerzo o intento de convencerlo de que puede lograr algo. Mi apuesta es más sutil, simplemente procuro sembrar una duda razonable respecto a las cosas que la gente cree "que no puede hacer".

Déjame, como siempre, hablarte directamente. Si tratara de convencerte de que puedes hacer eso que no has hecho durante años, sea cual sea el reto: vender más, bajar de peso, dejar de fumar, educar a tus hijos sin gritos, mejorar tu comunicación interpersonal, hacer ejercicio, etcétera, si tratara de convencerte de que puedes, de inmediato activaría un mecanismo de defensa en tu inconsciente, y es que llevas tantos años tratando de hacerlo que, por muy buen conferenciante o consultor que yo sea, cuando mucho lograría una sensibilización, un destello de emoción seguido de un montón de mecanismos de defensa ya fuesen excusas conscientes o inconscientes. Podrían ir desde pensamientos como: "Este cuate no sabe lo que es vivir mi vida y mis problemas", hasta: "Claro, eso dice él porque le va muy bien." Déjame plantearlo con un ejemplo pragmático: si para convencerte de que puedes dejar de fumar te dijera que tus pulmones se van a llenar de porquería, que no podrás respirar, que en pocos años ni siquiera podrás sostener una relación sexual de corrido, que la muerte por enfisema es cruel, si argumentara todo el daño que te genera el cigarro y te dijera que con esta conciencia simplemente es cuestión de que te decidas porque "tú puedes"; si hacerlo sirviera para que dejaras de fumar ya no fumarías. Si tratara de convencerte de que puedes dejar de fumar… de que está en ti, lo más que lograría es un tibio intento de tu parte, que al primer soplo de fracaso se perdería entre justificaciones banales, las mismas que durante años han reinado en tu cabeza (y te lo digo después de haber fumado más de veinte años y de haberlo dejado). Serán tantas las justificaciones que algunos hasta podrán pensar: "No cantes victoria, quizá lo retomes, Helios", y es que parten de un sistema de creencias, de lo absoluto que en sus cabezas es "que no pueden hacerlo" y, por supuesto, nadie más puede.

En todos estos años he visto mejores resultados cuando logro que un grupo (o persona) simplemente dude del concepto de lo que "cree que no puede" que cuando intento hacer que crea que **sí** puede.

Como describo en el libro *Alcanza tus sueños*, desde muy pequeños se nos fue alimentando una postura clara de lo que no podemos hacer. "No hagas, no subas, no corras, no rías, no llores… ¡no la amueles!". Son rocas con las que lapidaron nuestra autoestima desde niños. Si pretendiera convencerte de un momento a otro de que mágicamente por escuchar mis seminarios puedes cambiar años de programaciones negativas por el convencimiento pleno de que puedes lograr lo que quieras, sería casi iluso. Pero, ¿qué tal si te hago dudar lo suficiente sobre lo que tú crees que no puedes? Sólo lo suficiente como para que te atrevas a intentarlo.

"Soy malo para bailar, nunca se me ha dado." ¿Y si no fuera así? No digo que seas bueno para el baile, desde varios metros de distancia pareces oso cansado (se ve a leguas). Pero, ¿será que no bailas porque crees que no puedes o porque realmente no puedes? Esto es, ¿simplemente te has dado la oportunidad de intentarlo de la manera correcta? Y la manera correcta es con un profesional calificado y en privado. A lo mejor tu prima te intentó enseñar justo en medio de la boda de tu tía. Por supuesto que todo el patrón mental que tenías en la cabeza simplemente se fortaleció, eres un oso cansado haciendo el ridículo. Pero si no sabes bailar y te apena el qué dirán, ¿para qué diablos te expones en público haciendo algo que no sabes hacer? Primero aprende y luego practica, sólo entonces inténtalo en público.

¿Qué pasaría si no fuera tan determinante tu "creo que no puedo esto o aquello", si te dieras la oportunidad, por pura curiosidad de hacerlo pero de la manera correcta? Te sorprenderías de los resultados, nada da más confianza que un poco de éxito. No tienes idea de la cantidad de vendedores profesionales que simplemente gozan de grandes ingresos y que empezaron su carrera diciendo: "Dame la chamba que quieras, pero no de vendedor"; el propósito de esta reflexión es simplemente invitarte a dudar sobre alguno de tus "no puedo".

Es más, qué tal si me escribes un correo diciéndome cuál es tu "no puedo" preferido, el más constante en tu experiencia de vida, aquel que sea el que más te gustaría cambiar a "sí puedo", y en un lapso de sólo tres semanas intentas descalificar esa idea desarrollando lo que "no puedes" del modo correcto, con maestro de baile y en privado, no fingiendo que crees que puedes, sino creyendo que puedes y luego me cuentas. Verás que sí puedes.

Tiempo: no es que tengas poco, sino que pierdes mucho

Constantemente te repites frases como: "Necesito días de 48 horas", o: "No me alcanza el tiempo para nada." Si te ocurre, significa que no sabes administrar el tiempo con eficacia. Hacerlo es una de las maneras más efectivas para reducir el estrés y alcanzar un alto nivel de productividad. El tiempo es un recurso natural no renovable, cada que perdemos tiempo perdemos vida, pues cada día que pasa nos acercamos al día de nuestra muerte. Valorar el tiempo es valorar la vida misma.

Analiza regularmente el uso que haces de este recurso para descubrir la forma más efectiva de utilizarlo con el fin de no vivir estresado ni con la sensación de que el tiempo no alcanza para nada. Esa sensación surge a pesar de que trabajamos y trabajamos durante el día sin darnos cuenta de que llega la noche, dejándonos la impresión de que no hicimos nada.

El estrés es una mala percepción en la administración de los sucesos diarios. Pero, ¿podemos aprender a administrar el tiempo? La respuesta es muy sencilla: no se puede porque es un recurso continuo y no es administrable. Es como una llave de agua permanentemente abierta cuyo flujo no se puede interrumpir; pero lo que sí es posible controlar son los acontecimientos que suceden o no en el tiempo.

Te doy algunos consejos que te permitirán un mejor control de tu tiempo:

1. Toma uno por ciento del tiempo para obtener control sobre el 99 por ciento restante, uno por ciento de 24 horas son 14.4 minutos. En sólo 15 minutos controla lo que debe pasar en todo tu día.

2. Establece primero tus valores y motivos fundamentales para después establecer tus conductas específicas (qué hacer, límites, hasta dónde o hasta cuándo).

3. Define la diferencia entre lo importante y lo urgente. Aquello que tengo que hacer hoy obligatoriamente es lo urgente. Lo que sería muy bueno hacer hoy es lo importante. Lo que sería grato hacer es lo que puede esperar.

4. Elimina ideas y falsas creencias sobre lo urgente; por ejemplo, si algo "urgente" permanece en tu agenda por diez días, en realidad no lo era.

5. Califica diariamente y sin excusas tu lista en esos 15 minutos.

6. Lo que no hiciste hoy se puede postergar, pero siempre tiene un precio.

7. Date cuenta de lo que sí haces y gratifícate, valórate y premia tus esfuerzos.

¿De quién es la responsabilidad de dar servicio?

Hacer un trámite estándar en cualquier sucursal de banco puede ser una experiencia realmente tenebrosa en cuanto a servicio se refiere. Lo mismo podría decirse de renovar un contrato de celular o pagar el recibo de la luz. Y qué decir de corregir el número de la boleta del impuesto predial, tramitar la credencial para votar o pagar una multa de tránsito.

El común denominador es el mismo: instituciones o empresas tan grandes y necesarias para el consumidor, que han dejado de darle importancia y enfoque a la cultura de servicio. De todas formas, seas bien o mal tratado, necesitas hacer el trámite.

Empresas tan poderosas que contratan a personas de bajo perfil como "computadoras humanas" que apenas alcanzan a capacitar con los mínimos necesarios para hacer precariamente lo que la computadora por sí sola no puede, como recabar una firma autógrafa, acomodar los papeles del expediente, etcétera. Personal mal capacitado, mal reclutado y muy mal pagado con una indolente conciencia de que son necesarios aunque sea para abrir la sucursal y cuidar el mobiliario, ya que pareciera ser lo único que de verdad saben hacer —y eso a veces.

Si tienes una queja, una solicitud de servicio o un trámite fuera de su sistema, simplemente encogen los hombros argumentando: "El problema no es mío, así se hacen aquí las cosas", "el banco es así", "hago lo que me dicen". En ningún caso el sentido de pertenencia, responsabilidad o excelencia les permite incluirse en la frase: "Aquí hacemos así las cosas." Ninguno se suma al equipo en un sentido de identidad y pertenencia. Y ¿cómo hacerlo con el bajo sueldo y las escasas prestaciones? Al final nadie está contento. El banco se queja del costo operativo, el empleado de los bajos salarios y el cliente del pésimo (o nulo) servicio.

¿De quién es la responsabilidad de brindar un buen servicio? Por supuesto que la empresa debería ser la primer interesada y tal vez lo es, sabe que el cliente final podrá irse a la institución de enfrente —siempre y cuando cumpla con los 49 trámites para cancelar la cuenta y tenga la hojita amarilla con la que abrió la cuenta hace veinte años—; pero sabe también que muy pocos clientes lo harán, no tienen tiempo de ser infieles. Batallar uno o dos días al año en la sucursal son soportables, el trámite para iniciar una cuenta en la institución de enfrente es igual de engorroso y nada garantiza que en la competencia encuentre el estándar de servicio que busca haciendo válido el adagio: "Más vale malo por conocido que bueno por conocer."

El empleado de mostrador a quien le pagan un sueldo precario con o sin clientes satisfechos, aquel pequeño ser humano (y lo digo con tristeza porque alcanzo a ver que así se ven a sí mismos), es el único responsable de mejorar el servicio y la calidad. Y miles de ellos podrían preguntarse: "¿Por qué yo?". "¿Para qué, si de igual forma no recibiré incentivo alguno, más allá de un calendario y mi foto en el recuadro del mes?". Vaya, ante la crisis económica podrían perder su empleo y seguro serían los más sacrificables de la estructura. Pero regresemos al concepto básico: "Alguien tiene que abrir la sucursal", aportan realmente tan poco que a la institución no le importa mucho quién abra, solamente que alguien lo haga. Son de tan bajo perfil que sale más caro liquidarlos y sustituirlos que el impacto en el mal servicio que recibe el cliente masivo; mientras no demuestren interés y talento en ascender, tampoco serán capacitados ni la institución invertirá en ellos. Es un círculo vicioso.

Pero me atrevo a repetir la sentencia, son ellas y sólo ellas las personas que deben responsabilizarse del tipo y calidad de servicio que ofrecen, por algunas razones que alcanzo a ver:

1. La única forma de que un trabajo te ennoblezca es cuando entiendes el servicio que ofreces y lo brindas a otro ser humano, entendiendo que no puede estar completo sin calidez.

2. La mejor forma de evitar que la jornada de trabajo te sea difícil y tengas que recibir mentadas de madre y malos tratos, es siendo empático con el cliente y tratando de hacer que su trámite sea leve. Sólo en esa medida, tu propio día de trabajo será leve.

3. La única forma de "ser vistos" y considerados para mejores posiciones, capacitación y planes de carrera es haciéndose

notar, y la mejor forma es logrando clientes satisfechos que feliciten a sus gerentes o subdirectores por el trato recibido.

4. El servicio que ofrecen a los clientes es el mejor escaparate para mejorar en su vida profesional. No digo que el banco o determinada institución necesariamente vea el valor de cada empleado proactivo, pero el cliente que recibe el servicio sí se da cuenta. Cuando necesite a un colaborador positivo para su propio negocio, no dudará en proponer a aquel prestador de servicios de excelencia que lo ha tratado bien para atender a sus clientes.

5. Al final del día, la única forma de enaltecer la actividad cotidiana es hacer de la mejor manera, superar las expectativas del empleador y del cliente y establecerse a sí mismo un nivel de exigencia personal elevado. Cuando vives a la altura de tu propia autoexigencia, las puertas se abren y las propuestas de crecimiento y de negocio llegan. Siempre hace falta, siempre hay espacio para alguien así en cualquier institución.

Si conoces a alguien que preste servicio en alguna institución abierta al público masivo, si conoces a alguien que debe entender que su servicio y su actitud afectan a los demás, pero inequívocamente a sí mismo, hazle llegar este mensaje.

El partido está difícil

Aunque no soy un asiduo de temas futbolísticos, cada vez que se enfrentan las selecciones de México y Estados Unidos me surgen muchas reflexiones en torno a economía, liderazgo, preparación deportiva y demás temas.

Hace algunos años, y con la rivalidad cada vez más firme entre ambos equipos, se enfrentaron las selecciones de México y Estados Unidos, en el ambiente futbolero los vecinos del norte eran favoritos.

De acuerdo con el consenso de casi todos los analistas y comentaristas deportivos, no había posibilidad alguna de que México ganara y esa objetividad imperaba con el argumento de que simplemente los nuestros son malos y ellos superiores, al menos en aquel momento histórico. Los más optimistas contestaban ante la solicitud de pronóstico: "Me gustaría enormemente que ganara México, pero mi opinión profesional y objetiva está con nuestro rival." Según un amigo cercano que disfruta las emociones —para mi gusto tontas— de apostar dinero, las apuestas llegaron a estar veinte a uno en uno de los juegos recientes; aunque, y esto es lo que motivó estas reflexiones, unos minutos antes las apuestas estaban tres a uno.

¿Qué cambió en la expectativa de las apuestas?, ¿realmente en catorce horas la selección mejoró su estilo de juego?, ¿por qué se hizo más atractiva la apuesta? Creo que por dos circunstancias: nacionalismo y aritmética. Auténticamente más personas desean que su equipo gane y lo manifiestan apostando dinero y confianza. Muchos otros reconocen que la posibilidad en contra era tan buena, que independientemente del amor a los colores, vieron más posibilidades de ganancia apostando en contra. Así lo hicieron muchas personas y lograron modificar la propuesta de la oferta de las mismas.

Vayamos a los puntos que realmente nos interesan:

1. ¿No se supone que es un juego de once contra once y que eso es realmente lo único que importa?
2. Imagínate el enorme problema de mentalidad que tenemos (el colectivo) respecto a qué podemos o no aspirar. Los expertos nos dan por derrotados antes de empezar el partido; aspiramos, ya de buenas, al empate.
3. Si fueras jugador, ¿con qué ánimo saldrías a la cancha dadas las apuestas?
4. ¿Qué discurso daría el entrenador a sus jugadores?, ¿les diría lo que los expertos afirman o trataría de convencerlos de que hagan lo que tienen que hacer en lo individual y lo colectivo, hacerlo bien y hacerlo en equipo?
5. ¿Tú qué les dirías?
6. ¿No las crisis económicas que enfrentamos tienen esa misma postura? ¿No, en los medios masivos, la opinión

de los expertos repetidamente nos dice que este año "el partido está perdido" antes de jugarlo?

7. ¿Esta actitud aporta algo al jugador?

8. No, el mensaje bestial de los medios nos obliga a "gastar menos" a "ser cautelosos con nuestro dinero" al grado de que estamos deteniendo y colapsando el consumo y anquilosando el mercado interno (aritméticamente).

9. Si fueras jugador del seleccionado, te lo puedo firmar: saldrías a dar tu cien por ciento en cada jugada por amor a tu profesión, a tu país y a ti mismo, con el enfoque enaltecido de hacer callar a tantos expertos.

10. Siendo un ciudadano común te invito a hacer lo mismo. Posiblemente la crisis económica sea grave, pero sal a hacer lo que te toca. Hazlo mejor que nadie y hazlo en equipo. Enfócate por amor a tu profesión, a tu carrera, a tu país, a tu familia y a ti mismo, en hacer que tu propio partido sea una historia diferente al que dibujan las opiniones expertas.[1]

11. Al final, te aseguro que sin importar el resultado, cada jugador se sentirá bien consigo mismo sólo si sabe que hizo lo que tenía que hacer antes y durante del partido. Los jugadores saben que si salen a la cancha con actitud negativa tienen poco o nada que hacer; de igual forma, si tú y yo salimos cada día a nuestra cancha pensando que el partido está perdido, simplemente así será.

---

[1] Ese día la Selección Nacional de México jugó muy bien y ganó el partido.

El padre se queda, con presencia o con ausencia

"Me prometo que cuando crezca no cometeré el mismo error." "Cuando sea grande no le gritaré a mis hijos." "Yo no me convertiré en ti." Son algunos de los pensamientos que, encolerizados, nos gritamos en el cerebro al tiempo en que movemos los labios conteniendo maldiciones hacia nuestros padres al darnos la vuelta después de habernos reprendido. Nos prometemos no cometer sus errores, nos prometemos crecer y ser lo más diferente posible de ellos; no pocas veces nos juramos moldear lo bueno y tratar de no repetir lo malo. Al final, pasan los años y en un de repente emocional nos sorprendemos pidiéndole a nuestros hijos que levanten los codos de la mesa tal y como se nos pidió a nosotros años atrás.

Es prácticamente inevitable. Somos réplicas de la presencia (o ausencia) de nuestros padres en la infancia. El impacto, la afectación que la figura paterna logra en el infante, sin duda quedará en el adulto del mañana y pasará a los nietos nonatos del futuro.

Así que, estimado amigo, en cada nuevo contacto con tus hijos procura ofrecer de ti lo mejor, lo más moldeable, el legado que esperarías que tus nietos recordaran o aprendieran de ti a través de tus hijos.

Por supuesto, este asunto de ser padre está un poco devaluado. Por un lado, hay que ser proveedor sabiendo que al serlo será casi inevitable la ausencia. Luego, hay que usar el poco tiempo con los hijos para reprender, estructurar y marcar los límites que no necesariamente la madre hace respetar, pero casi con la certeza de que cuando llegue la adolescencia esta autoridad impositiva será rebasada por la rebeldía y las ganas de ser del nuevo individuo.

Es bien sabido que el reconocimiento llega al padre comúnmente cuando ya peina canas o peor aún, en sobremesas de nostalgia, cuando estando muerto lo recordamos vivo. No tuve la fortuna de tener un padre, pero tuve la fortuna de no tenerlo ya que, si bien es cierto que no pude copiar lo malo, tampoco tuve mucho de donde echar mano, a la hora de comportarme como padre, en un modelo para mí desconocido. ¡Pero me encanta ser padre! Me apasiona la sola idea de que hay tres seres cuyo crecimiento y desarrollo dependerá más de mis aciertos que de mis derrotas. Le agradezco a la paternidad la capacidad de levantarme cuando ya estoy cansado, la de seguir creyendo en mis sueños aún lejanos, la de alimentar la persistencia y revitalizarme día tras día.

Cada año no tengo a quién felicitar en ese día en que seré felicitado, así es que felicito a la paternidad. Al concepto y a la realidad suprema que hace de un ser normal un ser extraordinario cuando decide colocarse en el corazón de sus hijos, cuando decide formar parte, protagonizar. Un abrazo, mi gratitud, mi admiración y mi respeto a quienes pudiendo salir corriendo de la vida de sus hijos, se quedan (nos quedamos) en ella a través de nuestra imperfecta presencia y no con la perfecta ausencia.

Lo que pones en tu mente lo pones en tu vida

Sí, sé que suena como al libro *El secreto* y a que el universo conspira; casi a "sácate el incienso y decreta tus metas". Pero no es tan así.

He visto a personas decretar que quieren estar delgadas y entonces ya están delgadas, supongo que el universo debe conspirar a su favor. He visto a otras poner sus dos manos sobre un suculento tamal yucateco y decir en voz alta: "Decreto que este tamal me nutre y no me engorde" y luego zampárselo sin culpa alguna y con la firme convicción de que Júpiter y Mercurio están a cargo de sus lonjas y que, por supuesto, alguna otra estrella lejana en el universo está generando la energía correcta para evitarles acumular toda la grasa que ellos no están dispuestos a dejar de tragar ni a eliminar de su cuerpo con ejercicio.

En ese sentido, ¿basta con ponerlo en tu mente para que pase por tu vida?, ¿será que realmente con imaginarlo sucede y si no ha sucedido es que el universo está tomando un poco más de tiempo del necesario? O de plano, ¿acabo de escribir (y tú de leer) una gran imbecilidad?

No pongo en duda el increíble poder que tiene la mente humana, como tampoco dudo de la potencia del nuevo motor Ferrari, ni del sistema de navegación GPS de la nueva aplicación tecnológica. Pero en los tres sentidos, no basta con determinar el destino al que se desea llegar, también hay que acelerar, ir en la ruta y avanzar. El poder de la mente —el poder de tu mente— existe y es una realidad irrefutable. Lo que pones en tu mente lo pones en tu vida, en tu universo, pero la materialización de los resultados que buscas obedece a un proceso de causas y efectos. Incluso decretar, visualizar e imaginar tus metas ya logradas son una causa que genera impulsos químicos y físicos en tu cerebro provocando respuestas químicas y físicas en tu sistema nervioso. Así que decretar es el primer paso, pero el primero de 50 más que hay que caminar para lograr nuestras realidades. *Universo*, maravillosa palabra, viene de único verso, "única versión". El universo es la única versión de la realidad, pero tú y yo tomamos la realidad y le damos un tratamiento individual; así pues, lo que le está sucediendo a todos en el universo y lo que nos está sucediendo a cada uno, no es necesariamente lo mismo aunque sea el mismo estímulo.

La realidad es la misma para todos, pero cada uno la construye de un modo diferente a partir de lo que ponemos en nuestra mente, y lo que hacemos física y químicamente con esa información.

Lo que pasa por tu mente pasa por tu vida porque tú lo generas, es necesario darle una ayudadita al universo, decidir con conciencia qué te servirás del *buffet* de la vida y cómo reaccionarás ante lo que suceda para construir tu versión personal de las cosas, tu propio universo; entonces decretar y que tu universo sea el que conspire a tu favor para materializar tus decretos puntuales.

Si decretas "ser delgado" y luego empiezas a comportarte como lo harías si ya lo fueras, corriges tus hábitos alimenticios y adquieres conocimiento, entonces tu universo personal generará la conspiración. Aprender y practicar es la clave, el conocimiento vence al miedo. Si lo que pones en tu mente es una pareja integrada y cohesionada, y además te la crees y te comportas y tratas a tu pareja (o a tus pretendientes) como lo harías para ofrecerle algo bueno a tu relación, y luego se lo ofreces, es muy probable que afectes la percepción que tiene tu pareja de su realidad, para que así sus realidades construyan *la* realidad, la única versión de la relación de ambos.

Las ganas de que las cosas sucedan no son suficientes, no alcanzan. Cerrar los ojos y desear sacarte la lotería no ayudará mucho y menos si no haces el esfuerzo de comprar el billete. Todos tenemos ganas casi de las mismas cosas: mejorar nuestra salud, ganar más dinero, tiempo de calidad con las personas amadas, mejorar la cantidad y calidad de vacaciones y momentos familiares, crecer y desarrollarnos; pero las ganas no alcanzan, no son suficientes. Si le dices a tu profesor de natación: "Tengo ganas de nadar, ¡mucho deseo!, nunca he tenido tantas ganas de nadar en mi vida como ahora" y te avienta a la alberca, lo más seguro es que mueras ahogado y muy entusiasmado.

Hacer que las cosas sucedan es un asunto más de investigar qué se tiene que hacer para alcanzar lo que se quiere alcanzar y hacerlo. Aprender y practicar incluso antes de echarle ganas. Establecer con exactitud qué quieres y en qué faceta de tu vida es el primer paso, hacer que pase por tu mente, clarificarlo y aterrizarlo, pero luego hay que darle una ayudadita al universo para hacer, también, que pase por tu vida en conciencia.

Ayuda mucho plantearse si realmente deseas lo que dices querer, y más aún, identificar por qué y para qué lo quieres.

¿Quieres bajar de peso?, perfecto. Primero, ¿cuántos kilos?, ¿en cuánto tiempo? Antes de aprender cómo hacerlo, plantéate: ¿para qué quieres bajar de peso? ¿Por salud?, ¿por estética?, ¿porque quieres conseguir pareja?, ¿por promiscuo? Y determina entonces qué quieres realmente: ¿bajar de peso o ligar mucho?, ¿bajar de peso o vivir muchos años para tus hijos? Si pudieras lograr tu verdadero motivador sin bajar de peso, ¿igual querrías bajar de peso? ¿Qué es lo que realmente quieres?

Ahora sí, ya definido, investiga, aprende y practica lo que sea necesario para conseguir lo que quieres lograr. Entre tu punto "a" (dónde estás) y tu punto "b" (dónde quieres estar) lo que te separa son tus excusas o tus acciones. ¿Usas tu mente para justificar tus limitaciones y tu falta de resultados o para modificar tu realidad, tu capacidad, tu cuerpo, tu economía, tu universo? Al final del día tu cerebro generará los resultados que tú determines previamente: si le pides excusas, excusas te dará, si le pides los *cómo sí*, los *sí* encontrará.

En ese sentido, con toda claridad, lo que pones en tu mente lo pones en tu vida. Si pones excusas en tu vida pondrás mediocridad en tus resultados, si agradeces todo lo que tienes generarás abundancia y prosperidad. Aprender a utilizar tus recursos, incluyendo tu mente como recurso primario, te hará disfrutar de ellos y utilizarlos a su máxima potencia. De poco sirve que compres el más maravilloso y caro violín si no tomas también tiempo, dinero y esfuerzo en aprender a utilizarlo. La música y el violín se entregarán a quien pague el precio por escucharlo; lo que pones en la partitura lo pones en el violín, pero hay que aprender a tocarlo.

Lo que pones en tu mente lo pones en tu vida, si llenas tu mente de agradecimiento llenarás tu vida de abundancia, si te la pasas quejándote por todo lo que no tienes, tu cerebro creará miseria y mediocridad. Si eres la señora que gasta diez mil dólares en compras y de regreso a casa va mentando madres porque no se pudo comprar justo esa bolsa que le faltó, nada te será suficiente. Reconoce y agradece permanentemente todo lo que tienes, tu cerebro creará abundancia y bienestar.

Reconstruir al equipo

En la escena de las consecuencias de la crisis económica mundial que nos ha impactado a todos, no podemos dejar de poner atención a la necesidad de las empresas de reconstruir sus equipos de trabajo, considerando que será una prioridad estratégica para enfrentar las adversidades. Durante años pasados, los colaboradores de prácticamente todas las industrias hemos vivido, por lo menos, ambientes de incertidumbre y estrés.

Por supuesto que en aquellas empresas en las que el recorte de personal ha sido una dolorosa realidad, las estructuras humanas del equipo con seguridad también fueron derruidas. En aquellas otras en las que no necesariamente se han ejecutado despidos masivos existe un clima de inseguridad laboral, incertidumbre, estrés, desestabilidad, presión y depresión. En cualquiera de los casos el clima laboral no ha sido el más propicio para el desarrollo personal de los colaboradores, anteponiendo en forma lógica prioridades de índole productiva y presupuestal a la atención de otras, si bien más importantes, menos urgentes en la escena productiva de hoy: las de fortalecer al individuo desde el punto de vista humanístico, motivacional y de valor. Y nótese que no estoy proponiendo enfocarnos en procesos eufóricos de estimulación emocional, porras y vivas para que en un acto de endorfinas colectivas el grupo se sienta equipo. No, estimado lector, los procesos de desarrollo humano a los que me refiero son mucho más profundos que un simple y llano: "Tú puedes… échale ganas".

Un equipo de trabajo, y no digamos uno de alto rendimiento, se arma y consolida encontrando los mejores talentos de cada individuo y poniéndolos a disposición de un objetivo común. El líder entonces asume entre sus principales funciones la de cohesionar estos talentos y capacidades potenciando en sinergia la capacidad individual en el principal activo del equipo en cuestión.

Demos una revisada a "lo mejor de cada individuo" y también a la posible cohesión de los miembros del equipo después de la realidad social actual:

1. Por un lado, muchos equipos fueron brutalmente desmembrados como consecuencia de los despidos masivos que fueron necesarios para mantener a flote las empresas.
2. Las personas que quedaron empleadas asumieron cargas de trabajo adicionales.
3. La principal atención durante varios meses no ha sido necesariamente la productividad y crecimiento, sino mantener el empleo a como dé lugar.
4. El colaborador ha vivido un sobreestrés durante meses enteros; por un lado, por la carga de trabajo y, por otro, por el temor a ser despedido, aunado al ahorro en la economía familiar (consciente o inconsciente) que ha generado una

disminución lógica en los satisfactores que conservan a su emocionalidad.

5. La situación en casa tampoco ha sido la más afortunada, ya que si consideramos que tres millones de personas están desempleadas, calculemos cuántas de ellas son "esposos de alguien" o "hijos de alguien" o "padres de alguien conocido".

Así pues, las capacidades y talentos de cada individuo no sólo se ven disminuidos en su enfoque y orden prioritario sino que, en muchos casos y por un auténtico instinto de conservación, han estado desenfocados del ambiente corporativo, ¡vaya!, la mente ha estado enfocada en otras prioridades.

Si bien es cierto que todos los indicadores macroeconómicos globales hablan de haber pasado ya la etapa más aguda de la crisis, lo es también que la recuperación se vislumbra en un proceso de mediano plazo.

Una realidad física es que un mismo espacio no puede ser ocupado por dos cosas al mismo tiempo; si la analogía lo permite, estamos ante la disyuntiva de "sacarnos la crisis de la mente para que ésta pueda enfocarse en lo que sigue". Desde mi óptica, la salida real y tangible de la crisis y de las consecuencias de la crisis se apuntalará en el liderazgo.

Serán el liderazgo, el enfoque y convicción del líder y su capacidad de realinear los talentos de sus colaboradores en el enfoque productivo, los que permitirán a la postre que las compañías recuperen el camino del crecimiento; pero dicho lo anterior suena demasiado subjetivo, suena a "ya dicho".

Encontrar lo mejor de cada individuo y cohesionarlo con lo mejor de cada uno de los miembros del equipo es una labor basada en estrategia, comunicación y trabajo arduo.

Pongamos atención en la siguiente *checklist:*

1. Investiga qué tienen tus colaboradores en su mente y en su corazón. Cómo se sienten en su vida cotidiana, en su integración familiar y como individuos.

2. Clarifica los elementales de la empresa: define exactamente qué, quién, cómo y cuándo se darán las acciones específicas que permitan remontar e incidir en el crecimiento de la empresa.

3. Comunica: nada da mayor paz y libera de mejor forma el estrés corporativo que la certidumbre. Si compartimos la información en forma eficiente, comprometemos a los informados hacia el enfoque del grupo mismo.

4. Favorece que se desbloqueen procesos emocionales: es un mito suponer que las personas tienen dos vidas, tienen una sola, lo que les suceda en su vida cotidiana afectará la postura mental y conductual en su trabajo y viceversa.

5. El líder debe ayudar a encontrar lo mejor de cada elemento y ponerlo a disposición del equipo.

Reconstruir el equipo de trabajo tiene que ver con integración, intimidad, enfoque y alineamiento. No todos los líderes lo saben hacer, no en todos los equipos el líder natural lo puede hacer. Ahí, estimado colega, se abre la enorme oportunidad de participar en el desarrollo de cientos de empresas de diferentes tamaños. Somos los consultores, sobre todo externos, quienes tenemos mayores posibilidades de ver "desde afuera" las capacidades y talentos perdidos y regresárselos al líder, para que sea éste quien los cohesione y ayude al grupo a rearmarse como equipo.

Puedo pronosticar que, especialmente en este año, todos los esfuerzos y todos los recursos invertidos en la reconstrucción del equipo serán premiados en el impacto productivo de cada organización.

Esto no es México

Seiscientos cincuenta millones de pesos fueron destinados a los festejos del bicentenario de la Independencia, ve tú a saber cuántos más serán tirados a la basura en el próximo centenario de la Revolución. Eso no es México.

Ahora resulta que el Distrito Federal es una de las ciudades más seguras del país y no necesariamente porque se haya mejorado en la materia, sino porque en muchas otras ciudades la situación es crítica. Eso no es México.

A dos semanas de desastres naturales los centros de acopio se encuentran visitados y son apenas unas cuantas botellas de agua y alguna lata de atún las que proporcionalmente entrega la sociedad civil. Eso no es México.

Y es que aquellos tiempos en que nos desbordábamos en ayuda ante la adversidad ajena han pasado. Si yo fuera un extranjero de vacaciones y viera la televisión me asustaría. Entiendo que los medios deben vender y que las malas noticias pagan más que las buenas, y aunque los periodistas sostengan en sus cátedras que no hay "buenas o malas noticias" sino "simplemente noticias", la verdad es que los medios sólo abren espacio a las malas.

Claro que 120 millones de buenos mexicanos salgan de su casa todos los días a hacer que la vida sea, no es noticia... ¡faltaba más! De verdad espero que eso nunca sea noticia ya que hoy por cotidiano dejamos de mostrarlo, pero tristemente vemos cómo la estructura social se va desgajando por falta de liderazgos sociales. La gente en el inconsciente colectivo está deprimida.

Hace unas cuantas generaciones un hijo de padres divorciados era apenado por sus compañeros de escuela, era "visto raro" y había que llevarlo a terapia para que le ayudaran a encajar. Hoy un niño con padres no divorciados es un niño raro.

Antes era vergonzoso saber que el matrimonio de tus padres debía terminar, ahora hay jóvenes estúpidos que presumen su segundo divorcio casi como coleccionando fracasos sin que les importe.

Antes los jóvenes organizaban huelgas juveniles, se rebelaban. Ahora simplemente se autonombran "ninis". Están tan deprimidos que ni siquiera se rebelan ante autoridad alguna.

Y todo eso, estimado lector, todo eso no es México. Somos más de cien millones los que creemos en el estudio, en el trabajo y en los valores; los que salimos a hacer bien lo que tenemos que hacer.

Estas palabras son un grito agudo y casi ahogado en el colectivo inconsciente. Quisiera que mi grito durara más de 5 minutos en tu conciencia. Eso no es México, eso no es México, eso no es México.

Si no lo dice el noticiario, digámoslo nosotros. Si pasamos tantas y tantas cadenas de chistes, bromas y reflexiones espirituales, hagamos ahora una simplemente para gritarnos entre todos: "eso no es México". Para recordarnos que los buenos mexicanos no podemos esperar a ser noticia, que los valores no deben ser noticia; que la honestidad, la entrega, el trabajo, el esfuerzo y la construcción diaria de tus sueños y del futuro de tus hijos no pueden esperar a ser noticia. Recordémonos con alegría unos a otros, México somos tú y yo haciendo bien todos los días lo que sabemos, debemos y hacemos con gusto. ¡Viva México!

III

ACTITUD, ESFUERZO, RESULTADOS

El decálogo de los productivos

Ser productivo, generar riqueza y abundancia en todas las facetas de tu vida es una condición de aprendizaje, práctica y desarrollo.

No eres productivo "por suerte", no generas mejor economía "por simpático" ni tienes "la fortuna" de tener un matrimonio funcional de más de 25 años. Estas condiciones de vida se desarrollan, se trabajan, se logran. Como con la simpática ranita de la recta numérica con la que aprendimos cuando éramos niños a sumar y restar, muchos pasos que damos en la vida son para adelante y algunos para atrás. La realidad tangible que vives hoy es el resultado de todos los saltos, los que suman y han sido a favor, y los que restan y han sido errores que marcan y cuestan.

En más de 25 años de andares en el desarrollo de competencias y capacidades productivas, trabajando con cientos de empresas y conviviendo con miles de personas, te comparto el común denominador que he encontrado en el camino respecto a la gente productiva. Sumemos con aciertos lo más posible y aprendamos de los errores, conscientes de que siempre podemos recapitular y volver a intentar.

Esto es lo que hacen los productivos, diferente de los demás, y que les garantiza la llave al éxito:

1. Son realistas, eligen siempre el lado positivo de las cosas: en épocas de crisis mientras todos se sientan a llorar, a frustrarse y a amargarse, ellos ven la oportunidad que esta crisis les puede dar. Cuando todos lloran por la crisis económica, ellos ven la oportunidad de vender pañuelos desechables, hacen cosas distintas y rompen con esta inercia negativa. Rompen los círculos viciosos generando círculos virtuosos. Ven siempre el vaso medio lleno y no medio vacío.

2. Se comportan como el tipo de persona que aspiran a ser: hacen las cosas que harían si ya fueran esa persona que desean ser, se visten, hablan y se preparan, actúan como si ya fueran el mejor doctor, el mejor vendedor o el mejor padre. Adquieren todos los buenos hábitos y comportamientos de ese ideal, los incorporan a su vida con esfuerzo, tenacidad, disciplina, autoobservación y llegan a convertirse en esa persona.

3. Generan los cambios que se requieren en su vida para lograr sus metas. Piensa en un gran deportista cuyos logros te inspiren, ¿se desvela?, ¿fuma?, ¿toma alcohol?, ¿se levanta tarde? No. Entonces, si quieres llegar a ser alguien así, cambia y deja atrás esos malos hábitos que no te permitirán lograr tus metas y alcanzar tus sueños. Aplica para cualquier figura en la que te quieras convertir.

4. Reciben de la vida lo que desean de ella, y si no sucede, analizan por qué y cambian. En tu vida las cosas no solamente te suceden por magia, casualidad o porque así esta-

ba marcado tu destino. Todo obedece a la "Ley de la causa y el efecto", y es tan simple como que si no te gusta lo que recibes de la vida, piensa en lo que das. Cambia tus causas y los efectos cambiarán.

5. Tienen una alta autoestima. La gente que da resultados y es exitosa jamás sentirá que no es buena en lo que hace, sino todo lo contrario, tiene una seguridad tan grande que genera una inercia que le permite triunfar y lograr lo que se propone. Se la cree. Tiene una muy buena inteligencia emocional y se la cree. Si tú no crees en ti, nadie lo hará.

6. Controlan su actitud ante lo que reciben de la vida, y obtienen cosas buenas. No se acostumbran a lo feo, a lo mediocre, a lo que no les aporta beneficios y los obstaculiza. Cuando algo no les gusta, pagan el precio por cambiar esa realidad y la modifican siempre con su actitud. Aceptan todo lo bueno y rechazan lo malo, lo eliminan.

7. Tienen siempre una actitud de triunfo y aunque se caigan, siempre se levantan. ¿Qué pasaría si te tropiezas y te caes?, ¿dejarías tu cuerpo ahí tirado? No, no lo harías; te sacudes, te levantas y continúas con tu vida. Pasa igual con tus metas y tus sueños. No permitas que se queden allí. Todos los exitosos tienen muchas historias de fracaso de las que aprendieron y transformaron en **éxito.**

8. Saben que su realidad tangible obedece en diez por ciento a lo que les pasa pero noventa por ciento a cómo reaccionan ante la situación. Es un tema cien por ciento de actitud, es como una fórmula matemática, piensa: ¿Qué pasaría si la modificas? Te pasa algo malo y tu noventa por ciento se relaciona con lo que te pasa y diez por ciento con tu reac-

ción, a esto agrégale cero por ciento de buena actitud, fatal, ¿no? La gente exitosa siempre tiene la opción de catalizar la experiencia y de tomar el lado bueno; aprendiendo de lo malo, reaccionando de manera consciente, controlada y proactiva.

9. Siempre cuidan su postura corporal, sonríen y tienen la mirada en alto. No hay mucho que explicar aquí, esta gente siempre está derechita, con una actitud de seguridad y buen semblante. Se alimentan bien, se ejercitan, están bien con y en su físico y esto se nota desde un avión. ¿Recuerdas en este momento a algún triunfador que ande jorobado y con cara de amargado? Yo no.

10. Saben que lo que ponen en su mente es lo que generan como resultado. Es tan simple como entender que creamos lo que creemos. Piensa que a partir de lo que creas que puedes hacer es que haces lo que crees que puedes hacer. Entiende la cocreación de la realidad. Esta gente cuida su mente y lo que lee la alimenta de manera sana, pues entiende que lo que pasa por su mente es lo que pasa por su vida, invariablemente.

Lo que no hagas por ti, nadie lo hará. Si no vas por todo, ¿a qué vas? ¿Si no es ahora, cuándo? ¿Si no eres tú, quién? Desarrolla tu potencial al máximo.

¿Qué genera tu riqueza?

Todo el mundo quiere ser rico, algunos hasta creen que pueden serlo, otros sueñan con hacerse ricos y unos pocos, muy pocos, se vuelcan a la tarea de hacer lo necesario y realmente enriquecerse.

Pero a todo esto, ¿qué genera tu riqueza? ¿No te resulta ocioso añorar tanto algo sin preguntarte de vez en cuando cómo lograrlo? Lo que genera riqueza —y no hablo sólo de riqueza económica (pero es un gran ejemplo)— es la capacidad de solucionar problemas de otras personas.

Todas las personas están dispuestas a pagar determinada cantidad por la solución de determinado problema, cada problema tiene un valor y las personas estamos dispuestas a pagarlo.

Así pues, para algunos traer el coche sucio es un problema que vale tal vez 50 o 60 pesos, pero no estamos dispuestos a pagar 90 o 100 por una lavada. Un ataque cardiaco es sin duda un gran problema y estamos dispuestos a pagar todo lo que tenemos y más porque alguien nos ayude a solucionarlo.

Piensa en los hombres más ricos de la ciudad, del país o del mundo. Verás que atrás de sus fortunas han solucionado pequeños problemas a millones de personas o algunos problemas muy caros a unos cuantos.

Si tienes intenciones reales de enriquecerte económica y personalmente debes buscar problemas, una buena cantidad de ellos y concentrarte en ser capaz de solucionarlos; o bien encuentra la solución a problemas pequeñitos de esos muy baratos pero atiende a millones de personas con el mismo problema, o bien encuentra problemas muy costosos y te especializas en un nicho.

De cualquier forma la conducta típica de salir corriendo cuando hay problemas es justamente la que te aleja de cualquier tipo de enriquecimiento personal, económico o profesional.

Busca problemas y soluciónalos para otros.

Capacitación y productividad van juntas

Diferenciemos emprendedor y empresario. El primero es aquel que empieza, inicia o comienza un proyecto. El segundo es sinónimo de patrón, creador de empleos y líder social que impacta positivamente la economía.

Como emprendedor basta con generarse un autoempleo y probablemente un par de posiciones más (un mensajero, una asistente), pero ser empresario es tarea distinta. Es apostar a la productividad de largo plazo y a consolidar un proyecto que genere ingresos con tu presencia, sin tu presencia o a pesar de tu presencia. Sucede con frecuencia que el nuevo emprendedor invierte un buen capital en infraestructura, tecnología, marcas, franquicias y derechos de piso, entre otros, y alinea todo lo necesario para abrir su empresa y disponerse a operar, pero olvida o no da importancia a la capacitación del personal.

Capacitarte significa "hacerte capaz de…". El principal error es contratar personas que no se acerquen siquiera al perfil de lo que el puesto necesita. Deberíamos contratar personas que "fueran capaces" de hacer lo que el puesto que les ofrecemos exige, pero es frecuente que al no tener técnicas mínimas de reclutamiento y selección, el empresario contrata "al que le cae" y medio trata de explicarle qué y cómo debe hacer las cosas. El asunto es tan absurdo como contratar a un chofer que no sepa manejar y luego exigirle productividad a cambio del salario que le estamos pagando.

Si contrataste al personal por urgencia y ya lo tienes en tu equipo, debes hacer una pausa en el camino para capacitarlos, para hacerlos capaces de realizar las cosas exactamente como tú quieres que se hagan. No basta con que "lo saquen lo mejor posible", porque los que van a evaluar el resultado final, los que medirán qué tan capaces son de ofrecer un servicio o producto, son tus clientes, que tienen muchas opciones en el mercado y poca paciencia. Un colaborador mal capacitado o no capacitado te cuesta más de veinte por ciento de los clientes que atiende, entonces ¿qué te sale más caro?

Si deseas que tu colaborador te retorne la productividad por la que le pagas, asegúrate de que es capaz de hacer tu negocio mejor que como lo harías tú mismo. Aunque le tripliques el salario al chofer no te llevará a ningún lado si no aprende a manejar y, luego, aprende a hacerlo exactamente como tú necesitas que lo haga para que tu viaje sea productivo y apacible.

La abundancia y las ballenas

Si a pesar de proyectar lo mejor de ti percibes que la realidad está muy difícil, modifica la realidad. La vida funciona con leyes universales, tal vez una de las más poderosas es la "Ley de la causa y el efecto". Recibimos exactamente lo que ofrecemos, así funciona, nuestras acciones generan las reacciones de la vida.

Si la realidad que estás viviendo no te tiene completamente satisfecho, modifica la realidad cambiando lo que tú le ofreces a la vida.

Ofrécele cosas diferentes, no sólo lo mismo con una presentación diferente; no cambies o actualices tus excusas por otras, sino por acciones concretas que te permitan modificar lo que recibes.

El universo está regido por leyes y esquemas de abundancia, ten por cierto que alcanza para todos, hay suficiente de todo para todos, incluso de sobra para que algunos acaparen y otros desperdicien. La vida es como un enorme *buffet*, el dios en el que creas te convidó de vida y te sentó a la mesa con las mejores viandas y manjares; será decisión tuya servirte de lo que quieras o dejar que se desperdicie en la bandeja.

Vivimos un sistema de abundancia, lo alcances a ver o no. Imagina cuántas ballenas existen en el océano. Dame un número, un número redondo. ¿Cuántas te parece bien?

Hay veces que en mis seminarios en vivo me gritan "¡Diez mil!", "¡Cien mil!" En internet hay sitios que aseveran que quedan solamente 600 000 considerando todas las especies. Pero bueno, ¿me creerías que sólo existan mil?

Por otro lado, se sabe que un animalito de estos tiene que alimentarse todos los días y que al hacerlo engulle aproximadamente 1 400 kilos de peces. Esto significa que si sólo hubiese mil en el mundo, todos los días el océano debería producir 1 400 000 kilos de peces sólo para alimentar a las ballenas. Pero si los datos de internet son correctos y existen 600 000 ejemplares, se requieren 840 000 000 de kilos, es decir 840 000 toneladas diarias, 25 000 000 de toneladas al mes y 300 000 000 de toneladas de peces al año, y todo esto sólo para alimentar a las ballenas. ¿Crees realmente que el universo funciona con pensamientos de pobreza o carencia?

El asunto está en ti y en mí, en lo que hacemos para acercar a nuestras vidas la abundancia, la salud, la felicidad, la integración familiar, las cosas buenas de la vida y, sobre todo, en la "La ley de la causa y el efecto". Da siempre todo lo que quieras recibir.

El niño interior. ¿Qué te dirías?

Si por un afortunado golpe de suerte tuvieras la capacidad de viajar en el tiempo y encontrarte a ti mismo en un parque cuando tenías seis años de edad, ¿en qué parque sería?, ¿cómo irías vestido?, ¿qué estarías haciendo y con quién?

Es muy probable que en este mismo momento hayas abandonado la lectura de este mensaje para ir a ese encuentro en tu mente. Es muy probable que hayas viajado y estés contemplando lo maravillosa que era tu existencia así; sin complejos, descubriendo el mundo y atrapando mariposas o rescatando pajaritos caídos de un árbol. Perdón, eso de rescatar pajaritos es lo que estaba haciendo yo a los seis años, no necesariamente lo que tú hacías.

Pero si el viaje fuera más afortunado y pudieras no sólo observarte sino además conversar unos cuantos minutos, ¿qué te dirías? Si tuvieras la certeza de que esa criatura eres tú, pero también de que lo que te dijeras iba a ser escuchado y recordado en el tiempo y de que también eres tú quien lo decía. ¡Vaya!, ese niño podría hacer algo trascendental con esa información y más viniendo de una persona "tan de confianza" como tú.

Haz el ejercicio, te invito a verte en el espejo, a hablarte como lo hubieras hecho y a decirte lo que te hubieras dicho. Te invito, mejor aún, a escribirlo y mandártelo por correo a tu domicilio actual; verás que si lo haces, ese niño aún hoy está presto a escuchar lo que tienes que decirle.

Actitud y productividad.
El decálogo de las personas
con buena actitud

Una de las claves de la productividad es la buena actitud, quizá sea la más determinante. Un mundo de personas y dos polos opuestos que escoger, mientras unos piensan y dicen todos los días: "¡Qué bonito día!", "gracias, vida, por un día más", "cometí un error pero aprenderé de él", "soy capaz de lograr cualquier cosa", "no fue fácil, pero sin mi equipo no lo hubiera logrado", otros más pasan día a día con frases como: "¡Odio el calor!", "prefiero hacer las cosas por mí mismo que estar explicándole a alguien más qué hacer", "la vida no vale nada, nadie me entiende", "¿cómo voy a lograrlo?", "mi vida es un asco", "soy lo peor", entre otros.

¿En qué polo vives tú? Está claro que es imposible escoger sólo uno de ellos, a los que yo llamo optimistas y pesimistas. Es casi imposible vivir totalmente en uno de estos polos, sin llegar a estar en el otro. Sin embargo y lo que te quiero compartir, es que ningún extremo es bueno pero tienes todo el poder de elección para actuar y hacer pequeños cambios en tu vida para vivir y ser una persona optimista la mayor parte del tiempo, sin tampoco llegar a un extremo no real, en una existencia compleja como la del ser humano.

Por eso, amigo mío, te comparto el decálogo de la gente con buena actitud:

1. Se aman, procuran un alto nivel de autoestima, se valoran y aprovechan lo mejor posible sus talentos personales innatos.

2. Aceptan a los demás como son y no malgastan energía queriendo cambiarlos, sólo influyen en ellos con paciencia y tolerancia.

3. Son espirituales, cultivan una excelente relación con Dios (cualquiera que sea su interpretación al respecto) y tienen en su fe una viva fuente de luz y esperanza.

4. Disfrutan del "aquí" y el "ahora", no viajan al pasado con el sentimiento de culpa ni de rencor, ni al futuro con angustia. Disfrutan con buen humor y con amor.

5. Ven oportunidades en las dificultades, cuentan con la lección que nos ofrecen los errores y tienen habilidad para aprender de los fracasos.

6. Son entusiastas, dan la vida por sus sueños y están convencidos de que la confianza y el compromiso personal obran milagros.

7. Son íntegros y de principios sólidos, por eso disfrutan de paz interior, la irradian y comparten aun en medio de problemas y crisis.

8. No se desgastan en la crítica destructiva y ven la envidia como un veneno. No son espectadores de las crisis sino protagonistas del cambio.

9. Cuidan sus relaciones interpersonales con esmero, saben trabajar en equipo y son animosos sembradores de fe, esperanza y alegrías.

10. Aunque tienen épocas difíciles, no se rinden ni se dejan aplastar por su peso, ya que saben que aun la noche más oscura tiene un claro amanecer y que por encima de las nubes más densas sigue brillando el sol. Saben que cualquier túnel, por más largo y oscuro que sea, siempre tendrá otra salida y que todo río siempre tiene dos orillas.

Te invito a reflexionar y a elegir lo que quieres para ti y por lo tanto para los que te rodean; no te pido que vayas por la vida pensando que todo es color de rosa y sin preocupación, pero aprende de los errores, ve el lado bueno de las cosas, sé feliz en todo momento, cree en ti; pero, sobre todo, busca un equilibrio en tu vida en todo lo que hagas. Recuerda que ningún extremo es bueno.

¿Darías la vida por tus hijos?

"Yo daría la vida por mis hijos." No hay padre que niegue esta afirmación, claro que "daríamos la vida por nuestros hijos".

Estoy seguro, es más, es innegable que si caminando por la calle un asaltante con pistola en mano los apunta a ti y a uno de tus hijos y te pregunta: "Uno de los dos va a morir. ¿A quién mato?" La respuesta inmediata sería: "Mátame a mí y déjalo vivir a él." Respondemos en automático con certeza y casi con orgullo por nuestro desmedido amor que nos llevaría, incluso, a tener esa acción heroica por ellos.

Pero eso, amigos míos, nada tiene que ver con "dar la vida". Eso es dar la muerte, es entregar la muerte por la gente que amas.

Permíteme explicarlo. Dar la vida implica vivirla intensamente a favor de la gente que amas, dar la vida es despertar cada día y entregarte al cien por ciento a lo que tienes que hacer. Dar la vida implica dejar de jugar solitario en la computadora y jugar "acompañado", en el pasto con tus hijos. Dar la vida es renunciar a tus excusas, a tus pretextos, a tus resentimientos, desidias y a las cosas que nos empequeñecen;

entendiendo que cada minuto que pasa nos acercamos al último de nuestros minutos, que cada día que pasa nos morimos un poco.

Que esa muerte diaria sea para ti y para los tuyos morir de amor, morir en el amor. En el amor del esfuerzo, de la entrega, de la alegría de saber que tienes un espacio en este mundo y en el corazón de los tuyos.

Da la vida por la gente que amas, cada día.

Varios años de escenarios

Con dieciocho años de edad y una sed inmensa de cambiar el mundo, mi arrogancia —más que mi preparación— me hacía sentir que ya estaba listo para lanzarme a la cruzada de inspirar conciencias. ¡Era tan claro! Miles de personas necesitaban que yo les dijera cómo debían vivir sus vidas, que las convenciera de que podían decidir una actitud correcta por las mañanas, dibujar una sonrisa en sus rostros y mantenerla ahí durante el resto de sus vidas. Dos cómplices —debo confesar que un tanto incrédulos— participaron en esa aventura, mi primer socio, Humberto Valdés, amigo de la secundaria, y Gonzalo González, colega en los menesteres de la elocuencia como conferenciante independiente. Los tres casi adolescentes, pero convencidos de que la experiencia se suple con ganas, amor y compromiso.

Cada cual debía vender un mínimo de cien boletos a una Magna Conferencia Motivacional: "Motivación al día." Así, con pleonasmo y todo, que se celebraría el 19 de marzo de 1990 en las instalaciones del conocido Hotel Cibeles, ubicado sobre la avenida Tlalpan, al sur de Ciudad de México.

Los que conozcan el recinto se preguntarán en voz baja: "¿En el Hotel Cibeles?, ¿no es de paso?" Y debo confesar que la ingenuidad (aunque usted no lo crea) de los dieciocho años no me permitió reparar en que, aunque tenía salas de capacitación y habitaciones muy decentes, el hotel en cuestión está situado (todavía) en el famoso "Triángulo de las Bermudas" del Distrito Federal, en el que sin razón aparente desaparecen algunos vehículos y sus ocupantes para reaparecer a la vida después de varias horas con un gesto de alegría en el rostro.

Recortamos con cúter los boletos de fotocopias tamaño carta, salieron cinco por hoja, con todo y talonario. Por supuesto, el folio fue hecho en rojo pero a mano. El logotipo que ya incluía dos letras H, una sobre la otra, estaba dibujado a pulso (y a muy mal pulso) por un servidor, lo que lo hacía verse chueco pero ¡con *harto* movimiento!

Mientras buscaba sobrevivir vendiendo cosas, haciendo pantomima en la plaza de Coyoacán y pasando el sombrero, más alimentado de espíritu que de proteínas, durante más de dos meses el único objetivo de un servidor fue llenar esa conferencia a como diera lugar.

Simplemente no existía en mi mente la posibilidad del fracaso, nunca reparé en que pudiera existir.

El costo del boleto era de algo así como 60 pesos de hoy, lo recuerdo porque podías comprar con eso dos cajas de cigarros de aquel entonces, y aunque terminé por regalar más de 80 por ciento de las "localidades" a amigos, prospectos, vecinos y demás, hubo en la sala más de 200 personas.

Casi tres horas de pura pasión, alegría, gusto por hacer y, ¿ya lo dije?, pasión, pasión, pasión. Con todas los agravantes que hoy a la distancia no podría perdonar: boletos chuecos, mal impresos, hotel de dudosa calidad, 30 minutos de retraso para iniciar, casi 60 de retraso para terminar, hora pico, etcétera. Ese día fue de éxito.

En fin, hoy valoro, tantos años después, que muchas personas que me estimaban entonces se hicieran de la vista gorda y ni siquiera comentaran algo desfavorable, por ejemplo, de las muchas fallas en la logística.

El resultado final fue "todo un éxito". Mi carrera empezó con un suceso ganador, muchas felicitaciones al salir y en números negros, ya que al final, con las pocas localidades pagadas, bastó para liquidar el alquiler del salón e invitar a comer, en el mismo hotel Cibeles, a Gonzalo y a Humberto; este último prestó amablemente el estéreo de su casa para musicalizar la conferencia.

Muchos años han pasado. Humberto, mi amigo y primer socio, quedó en los azares de la vida y no he sabido de él en años. Gonzalo, mi buen *Gonzo*, continúa formando parte de mí ahora desde el cielo, ya que falleció justo 24 años después, en la víspera de lo que sería nuestro 25° aniversario de carrera.

A la distancia he conocido la magia de todo tipo de escenarios. Desde conferencias en un terreno abierto para siete mil jóvenes, auditorios de un par de Centros de Readaptación Social, pasando por teatros principales y lujosos salones de los más caros hoteles de México, Estados Unidos, Centroamérica y España, hasta súper convenciones con derroches presupuestales como en el tan aclamado Auditorio Nacional de Ciudad de México.

Dios me ha permitido usar y levantar la voz. Entender que la sed por cambiar el mundo se acomoda en una postura consciente de sensibilizar y de ser vehículo de reflexión e inspiración para aquellos a los que el mensaje llega y lo hace en el momento oportuno.

Lo que debo reconocer y agradecer con todo lo que soy es que la pasión continúa irremediablemente en cada escenario, en cada nuevo grupo, en cada oportunidad que la vida me presta de practicar esto que soy.

Mi carrera, a diez años de haber cumplido su mayoría de edad, supone estar lista para madurar y seguir creciendo. Ahora tal vez con mucho más conocimiento y menos arrogancia, pero listo para seguir aprendiendo y compartiendo con ustedes.

A todos los que han participado (si no es que sufrido) este sueño personal: gracias. Y como siempre digo: "Atrévete a soñar lo que estés dispuesto a lograr."

La inmediatez del viaje

Indiscutiblemente envidiable, sobre todo para mi amigo Luis, a quien le siguen dando pánico los viajes en avión y para cualquier pasajero nervioso o aburrido, he desarrollado en tantos años de aviones la extraordinaria capacidad de dormir en los viajes cuando ni siquiera acaban de despegar las aeronaves.

No siempre "me sale", pero en 80 por ciento de los casos lo único que tengo que hacer es reclinar el asiento, respirar profundo y exhalar lento, suave y por la boca y casi en un trance de autohipnosis quedo en brazos de Morfeo. Así pues, ese: "su asiento por favor, señor", que con seguridad y firmeza indica la sobrecargo, me despierta veloz, aunque no siempre con la certeza de que debo enderezarlo para despegar o aterrizar.

Cuando esto me acontece lo celebro y es realmente grato. Cerrar los ojos en una ciudad y abrirlos en otra sintiendo que el viaje duró menos de cinco minutos y mi vida continúa, es algo así como si la existencia fuera un programa de televisión en el que pudiéramos adelantar cuando aparecen los comerciales para seguir disfrutando nuestra tarea cotidiana.

Por supuesto que podría aprovechar ese tiempo leyendo, escribiendo, jugando o de cualquier otra forma, pero lo mejor que me puede pasar a mí es un viaje inmediato (ojalá la teletransportación pronto sea una realidad).

El asunto es: ¿cuántas personas conoces que pretendan hacer lo mismo pero con el viaje de su vida? ¿Cuántos simplemente se acomodan en el asiento de un salario seguro y se duermen a la rutina de un reloj checador, llegando sólo al destino que los pilotos del avión hayan trazado, ya que en la mayoría de los casos ni conciencia tienen del lugar al que los llevará esa experiencia de vida?

Si una mosca aborda el avión en México, no para de volar durante todo el viaje. Llega a Cancún 120 minutos después y sigue moviéndose, ¿realmente podríamos decir que la mosca voló a Cancún? Por supuesto que no. Algunos podrán pensar que desde el punto de vista de la mosca sí, que incluso es la mosca más exitosa de su familia y que cuando regrese será el hijo mosca que triunfó en la vida; la realidad es que, cuando pretenda salir del avión, morirá víctima de un choque calórico y de la condensación de humedad.

No hay ruta corta. La mosca tendría que haber volado una a una cada milla fuera del avión para ir aprendiendo, descubriendo y adecuando sus capacidades para llegar al éxito con trabajo, disciplina y constancia.

Algunas personas son moscas de avión, se suben al proyecto correcto y, como yo, se acomodan en el sillón para dormir y al despertar quisieran descubrirse en un destino más gratificante en su vida. Pero eso, lo entiendo bien, es tan sólo una ilusión y una forma de percibir el viaje.

IV

EL ÉXITO NO ES UNA IDEA, DEBE SER TU REALIDAD

Logra tus metas dándoles valor y significado

¿De qué te quieres sentir orgulloso en un año? Parece una pregunta difícil, pero no lo es, se trata simplemente de fijarte una meta, perseguirla, trabajarla y lograrla. Es común que los primeros meses la gente siga aterrizando su lista de propósitos para el año. Así que vamos a hablar de metas tanto personales como profesionales, de destinos, del lugar hacia el que diriges tus pasos y, lo más importante, de cómo lograr tus metas para que tengas ese sentimiento de orgullo cuando las alcances.

Dale un significado a tus metas. Por qué o para qué quieres lo que deseas; ordena tus metas de adentro hacia afuera, dales un significado en lugar de sólo planteártelas por entusiasmo y endorfina, y pregúntate de qué te quieres sentir orgulloso.

Si tú le cuestionas a alguien en la calle: "¿Cuál es tu meta este mes, este año o en la vida?", seguramente te responderá como hace la mayoría de la gente, con ideas subjetivas: "Mi meta, mi meta es ser feliz", "Mi meta es tener mucho dinero", "Mi meta es llevarme bien con mi familia". Pero estas tres cosas no son una meta en sí mismas. ¿Qué es ser feliz? ¿Cuánto es mucho dinero? ¿Qué significa llevarte bien con tu familia?

Si no estableces claramente hacia dónde ir, estarás caminando, desgastándote y esforzándote, andando sin llegar a ningún lado. Es como si salieras a la cubierta de un barco y corrieras 10 km por la mañana dándole vueltas al barco, ¿te esforzaste? Sí. ¿Te cansaste? Sí. ¿Sudaste? Sí. ¿Llegaste a algún lugar? No, a ninguno. Lo mismo hubiera sido que te quedaras sentado en una silla en la cubierta del barco, no hubieras llegado a ningún lugar diferente. Muchas veces esto nos sucede en el día a día, de repente pasan cinco, diez, quince años, te estás rasurando y dices: "¡Oye!, llevo diez años de trabajar fuerte, llevo quince años de esforzarme y estoy en la misma realidad, en la misma casa, en la misma situación económica, en la misma situación familiar. ¿Qué ha sucedido con mi esfuerzo?". Lo que ha sucedido es que tu esfuerzo se disipó sin tener un objetivo específico y claro.

Existen técnicas precisas para conseguir todo aquello que desees lograr, más que meramente estar emocionado o no, el reto consiste en investigar qué se debe hacer para lograr lo que quieres, aprender a hacerlo y hacerlo bien.

¿Qué hacer para alcanzar tus metas?

1. Establece exactamente qué quieres lograr.
2. Establece para cuándo lo quieres lograr.
3. Establece qué estás dispuesto a hacer o a dejar de hacer para lograr aquello que quieres.
4. Aprende lo necesario.

5. Paga el precio, actúa y ve monitoreando tus acciones y avances.

Enfoca tu atención y tus objetivos a una meta específica

Si tu meta es bajar de peso, clarifica con lujo de detalle cuántos gramos, cuántos kilogramos o porcentaje de masa muscular quieres tener. Si tu meta es una cantidad económica, establece exactamente cuánto y en qué tiempo. Si tu meta es un auto, piensa qué marca, de qué color y qué modelo.

¿Qué quieres lograr y para cuándo lo quieres lograr?

Después establece un plan de trabajo con las acciones exactas que debes seguir para materializar tus anhelos. Depende de ti la realización de tus proyectos de vida, y depende de ti también que el tiempo no te sorprenda.

Las canas, estimado lector, tienen la pésima costumbre de salir de una por una. De repente volteas al pasado y te das cuenta de que ya transcurrieron diez, quince, veinte años y no has logrado aquellas cosas que te habías propuesto por falta de enfoque, no por falta de esfuerzo.

Las personas en general no somos flojas, trabajamos mucho pero no enfocamos nuestro trabajo, atención, energía, creatividad y todos nuestros talentos hacia el objetivo específico que queremos. "Ojalá, Dios quiera", patrañas. ¡Dios siempre quiere! Ojalá que tú puedas enfocar claramente qué quieres obtener de la vida y puedas llevar tus pasos por el camino del éxito.

Muchas personas se pasan la vida frustradas por no alcanzar las metas que se han fijado, al grado de que terminan por dejar de proponerse objetivos, se pasan la vida sobreviviendo porque no saben cómo ponerse metas que su cerebro pueda lograr. Los objetivos son vagos, escuetos, no dimensionados y sólo apoyados en la emocionalidad y motivación que supone el posible logro de esos sueños; sueños que nunca terminan por materializarse.

Partiendo de lo fundamental, de clarificar tus metas en objetivos y acciones cuantificables, te he comentado el enorme impacto positivo de aterrizar tus sueños en metas, pero no hemos, al menos no a mi parecer, puntualizado el poder de clarificar por escrito la meta en cuestión.

Déjame poner como referente el ejemplo de un seguro de vida. Cuando lo compras es completamente intangible, la sola idea de recibir algo después de muerto es casi imposible. Sin embargo, lo que convierte el proyecto en realidad es la póliza, el documento físico, tangible y concreto que establece las condiciones y genera los compromisos tanto de la aseguradora como del cliente.

Pues bien, lo mismo sucede con la mayoría de las metas para nuestra mente. La realidad alternativa de un futuro en construcción es por completo intangible. Pensar que voy a crear una imagen de mí estrenando el coche que quiero o construyendo la relación adecuada con mi pareja, pesando 10 kilos menos o cualquiera que sea tu objetivo, pensar que existe un "yo alternativo" que en el futuro simplemente aparecerá disfrutando de esas metas es intangible, una irrealidad aparente.

Lo que le da el primer matiz de elemento concreto es la emancipación y clarificación por escrito.

El enorme poder de escribir tus metas y clarificarlas en planes de trabajo radica en que, por un lado, te enfoca y, por el otro, te acerca mentalmente al futuro alternativo en el que existe un tú logrando las metas. Pero más aún, te permite establecer los compromisos conductuales, las acciones concretas que tienes que realizar una a una para la materialización de tu meta; lo que más allá de darte un mapa, una lista de instrucciones precisas, le da a tu mente inconsciente posibilidades de certeza, inyecciones de autoestima y motivación.

Si de plano te da mucha flojera escribir tus metas, imagina lo que implicará realizarlas.

Una cosa importantísima al momento de fijarte metas es establecer el plazo correcto al tamaño de tus metas. Si tu meta es demasiado grande y el plazo demasiado corto, lo único que lograrás será frustrarte y abandonar tus proyectos.

Todo lo que puedas soñar lo puedes lograr con el esfuerzo y el tiempo adecuado. Un excelente motivador es el sentimiento de éxito, y si tus metas son a larguísimo plazo el sentimiento de éxito se posterga tanto que nunca te motiva. Si, por ejemplo, tu meta es terminar la carrera universitaria en cinco años, el sentimiento de éxito, de logro, lo tendrás en cinco años, si disecciones tus metas de largo plazo en cortos, cortísimos y específicos objetivos, y te concentras en alcanzarlos uno a uno, irremediablemente la consecución progresiva de cada uno te acercará al final, pero con la bondad intermedia de disfrutar el camino con la misma intensidad con la que disfrutarás el paisaje al final. Cada pequeño éxito se acumulará, te estimulará y te permitirá inspirarte para lograr el siguiente éxito. Lo que tienes que obtener este año disecciónalo en doce meses, en cuatro semanas y en siete días, establece los pequeños avances que hoy tienes que exigirte antes de ir a la cama y prémiatelos día a día si los alcanzas.

Vamos ahora a revisar los tipos de metas que tu cerebro puede administrar, acomoda tu lista de metas en tres grandes dimensiones:

1. Cosas que siempre has querido tener.
2. Cosas que siempre has querido hacer.
3. Cosas que siempre has querido ser.

Estos tres canales te permiten organizar y ponerle prioridad a los objetivos y metas de tu vida. Para diferenciar en qué lista va cada meta considera lo siguiente: las metas del tener son todas aquellas cosas que puedo obtener intercambiando dinero. Las metas del hacer son todas aquellas que no se pueden intercambiar por dinero. Las metas del ser son aquellas condiciones en las que me convierto cuando logro las metas del tener y las metas del hacer. Tener un coche, tener una casa son metas del tener concretas y materiales; construir una familia integrada o un matrimonio exitoso son metas del hacer.

Terminar tu vida como buen padre, excelente profesional y un ser humano íntegro es una meta del ser, ya que te convertirás en ello cuando tengas y hagas lo necesario para serlo.

¿Recuerdas cuál era tu máximo sueño de niño?

¿Lo hiciste realidad? ¿Hiciste el esfuerzo necesario para lograrlo? Que no te llegue el final de la vida sin lograr lo que sueñas, deseas y anhelas. Como persona que eres, en tus manos, en tu mente y en tu corazón está el hacer realidad tus sueños.

Establecer tus metas y conducirlas adecuadamente en tiempo y forma es un poco como la raya blanca en el extremo derecho de la carretera, si la sigues con disciplina te conducirá a tu destino. Pero te permitirá distraer unos instantes para, de vez en vez, disfrutar el paisaje. Disfruta de éste y vívelo al máximo, que tu destino, haciendo lo que tienes que hacer y como lo tienes que hacer, será maravilloso.

Apenas en la misma
línea de salida

Tuve la oportunidad de escuchar una ponencia del doctor Juan Ramón de la Fuente y el orgullo de entrevistarlo al término de la misma en el marco de uno de los encuentros que organizamos en HH Consultores para uno de nuestros principales clientes.

Hasta antes de su plática yo me sentía orgulloso, satisfecho, pero sobre todo tranquilo en cuanto proveedor y padre. "La mejor herencia que puedes dejar a tus hijos es la educación, dicho coloquial frecuente en toda reunión del Comité de padres de familia (sobre todo cuando en los pasillos se hacen números respecto al costo de las colegiaturas). Los padres, al menos los de ahora, enfocamos gran parte de nuestro ingreso en ofrecer a nuestros hijos condiciones académicas competitivas. Y es en ese sentido en el que yo me sentía orgulloso, satisfecho, pero sobre todo tranquilo.

La entrevista con el doctor de la Fuente no me quitó lo orgulloso, pero sí lo satisfecho y, por mucho, lo tranquilo. Resulta que según datos compartidos por él, los niveles de competitividad del mundo globalizado al que nos estamos enfrentando hoy no tienen nada que ver con la exigencia que habrá dentro de apenas quince años.

En mi generación la gente terminaba su carrera en la licenciatura y la competitividad era elevada: por cada cien estudiantes que iniciaban la preparatoria terminaban 22, y de cada cien que iniciaban la licenciatura ocho la concluían exitosamente. Había unos cuantos locos por generación que empezaban alguna maestría inmediatamente, pero en general el grado de maestro implicaba al menos una generación de diferencia, por lo que cualquier persona con doctorado se situaba en la generación de nuestros padres o abuelos.

Hoy los muchachos plantean como el final de su carrera su primera maestría terminada y los datos de deserción no son tan distintos a los de mi generación, pero con dos años más de estudio.

Y es que para competir por un buen puesto ya no te alcanza la licenciatura. Hay tanta gente buscando la oportunidad (oferta y demanda), que el perfil sube automáticamente. No sólo hace falta terminar una maestría, sino desarrollar el talento de integrar con éxito el conocimiento académico a la vida productiva. ¿Cuántos muchachos se convierten en talento bajo estas premisas?

Podemos decir que de 6 600 que inician la prepa, 24 terminan la licenciatura e inician la maestría. Y tal vez tres se gradúen, pero de cada tres graduados sólo uno será capaz de aterrizar su conocimiento en el mundo productivo con inmediatez, los otros dos requerirán un proceso de varios años para acumular experiencia práctica. Uno de cada 6 600 se convierte en talento.

De todo lo anterior yo estaba consciente. Por eso el esfuerzo económico en la preparación de mis hijos me hacía sentir cómodo y mi compromiso de estar junto a ellos todo el tiempo me llevaba a suponer que, con cierta holgura, podría cada uno de ellos convertirse en talento y ser mejor que otros 6 600 jóvenes haciendo lo que escogieron en sus vidas.

Con lo que no contaba y en lo que me hizo reflexionar la experiencia con el doctor de la Fuente, es que su mundo laboral no será ni de lejos parecido al que vivimos hoy. El modelo académico y la plataforma económica de países en vías de desarrollo como el nuestro, plantean una fórmula tan rezagada que, para que te des una idea, por cada talento mexicano países como China logran crear 1 300 (y la India 1 100), ya no sumemos los talentos de países desarrollados como Estados Unidos o la Comunidad Europea.

En quince años el mundo estará tan globalizado y habrá tantos talentos disponibles (sin importar su nacionalidad), que no habrá fronteras para colocarlos en puestos estratégicos en las empresas. Será muy común ver el directorio multinacional de las grandes empresas. Si sumamos los 1 300 chinos, los 1 100 indios y digamos 4 000 de todas las demás nacionalidades (en un simple estimado), resulta que por cada talento mexicano habrá disponibles 6 400 similares en el mundo.

La paz que me daba la formación académica de mis hijos provenía de la lectura de un artículo de productividad que te planteaba: "Encuentra algo que te guste hacer en lo que seas mejor que diez mil y dedícate a ello." Para ser competitivos en 2025, nuestros jóvenes deberán encontrar algo que les guste hacer y que hagan mejor que más de 4 000 000 de personas. El ejecutivo promedio (no el brillante) en 2025 hablará su idioma materno, inglés y chino; los sobresalientes, otros dos idiomas.

A pesar de darles a mis hijos mucho más de lo que recibí, me queda claro que apenas les estoy permitiendo empezar de la misma línea de salida en la que yo empecé, ya que entre el rezago de México y el avance del primer mundo se ha abierto una brecha gigantesca.

¿Hasta dónde estás apuntando tu esfuerzo en la mejor herencia que dejarás a tus hijos?

De este tema quedé tan enganchado que la reflexión se convirtió en mi tercer libro, *Tu carrera después de la carrera*, especialmente recomendado para jóvenes. Sin duda les servirá e incidirá en cómo deciden vivir y enfocar su preparación ante el mundo y la realidad que les espera.

De gerentes y vendedores

En un lugar del África frecuentado por cazadores de todo el mundo había un feroz perro de caza llamado Vendedor. Era tal su fiereza que los safaris del mundo lo contrataban con meses de anticipación dada su habilidad para atrapar grandes presas.

Luego de esperar durante meses, un prestigiado cazador llegó al local de caza, programó su safari y pidió en exclusiva a tan salvaje animal.

—Vendedor no puede cazar más —le dijeron.

—¿Por qué? ¿Enfermó? ¿Se murió?

—Nada de eso. En su última expedición atrapó a más de quince presas incluido un feroz tigre al que casi deja inservible como trofeo. El cazador estuvo tan agradecido que lo ascendió a "gerente de ventas" y desde ese día sólo engorda y ladra detrás de su escritorio, pero jamás sale a conseguir una presa —dijo el dependiente.

Uno de los errores más comunes de los empresarios en nuestro país es pensar que un buen vendedor puede desempeñar exitosamente el puesto de gerente de ventas. Si bien es cierto que en un mínimo porcentaje de casos el candidato funciona y logra adaptarse al nuevo puesto, más de 80 por ciento de estos "ascensos" está destinado al fracaso, lo que repercute en baja productividad, pérdida de tiempo y acumulación de frustración para todos.

Un candidato a gerente de ventas debe cubrir un perfil en donde la experiencia en el campo no es suficiente, pues existen muchos otros elementos además de saber vender o haber logrado metas en el pasado.

Que la mayor parte de las ventas las genere el gerente con su cartera personal quiere decir que tenemos un excelente vendedor, pero no un gerente; lo que significa que el puesto gerencial no está dando los resultados para los que fue diseñado. Tampoco podemos sugerir que el trabajo de gerente de ventas sea administrativo, como lo es en las grandes corporaciones en donde la persona que ocupa este puesto difícilmente sale al campo o, cuando lo hace, es sólo para reforzar las relaciones con cuentas corporativas.

En la pequeña empresa mexicana, el gerente de ventas debe tener como gran prioridad un único objetivo: hacer que su gente venda.

Si el gerente ocupa más del veinte por ciento de su tiempo visitando cuentas propias, está administrando erróneamente su tiempo. Esto se debe, en gran medida, a que el gerente no ha recibido la formación adecuada.

Lamentablemente, en México el puesto de vendedor parece estar en lo más bajo de la escala social. Ningún graduado tiene como ideal de vida convertirse en vendedor, aunque en la práctica miles lo desempeñan con éxito y resultados económicos muy por encima de otros profesionistas.

Para garantizar la eficiencia de tu gerente de ventas toma en cuenta esta premisa: la agenda del gerente no debe ni puede destinar más de veinte por ciento de su tiempo efectivo en atender su cartera personal de clientes; su objetivo primordial será hacer que su gente venda.

Para lograrlo, te sugiero lo siguiente:

1. **Un gerente sabe reclutar.** La primera tarea que debe hacer es reclutar y seleccionar un grupo de vendedores profesional de acuerdo con el perfil ideal de la compañía. Debe manejar medios de reclutamiento, procesos de selección, incluso solicitar ayuda externa bajo un diagnóstico previo.

2. **Un gerente sabe capacitar.** Debe conocer al cien por ciento las características y ventajas de todos sus productos, pero también aumentar sus aptitudes respecto al proceso enseñanza-aprendizaje; tomar cursos de formación de instructores, investigar procesos de detección de necesidades y estudiar los métodos confiables para evaluar los resultados de la capacitación. O bien, puede contratar capacitación externa en cuanto a ventas se refiere y solicitar a instructores internos los cursos de conocimiento de producto.

3. **Un gerente sabe motivar.** El gerente tiene la responsabilidad de documentarse sobre el comportamiento humano; detectar la forma en que debe tratar a cada uno de sus vendedores estirando y aflojando a cada uno de ellos en forma personalizada; instalar sistemas de reconocimiento y premiación, y hacer del grupo de vendedores un verdadero equipo.

4. **Un gerente sabe administrar a su equipo de ventas.** Tal vez el elemento al que más tiempo debe dedicar un gerente de ventas es administrar correctamente su inventario de recursos humanos; a éste deberá destinar, por lo menos, cincuenta por ciento de su tiempo: debe establecer un expediente por cada vendedor, determinar los objetivos impuestos por cada uno de ellos, ayudarles a imponerse metas continuas, sumar el ingreso que requieren para lograrlas y cuantificar las ventas que necesita el vendedor para lograr el ingreso requerido, y una vez hecho esto, determinar el número de entrevistas que debe efectuar cada vendedor, número de contactos telefónicos, etcétera.

Es indispensable que el gerente de ventas se reúna por lo menos una vez a la semana con su equipo para analizar planes y metas de la semana anterior, detectar los posibles problemas de capacitación, "así como también dar respuesta a las inquietudes que pudieran surgir en su equipo de ventas".

Como podrás ver, el trabajo de un gerente de ventas es muy distinto al de un simple vendedor. El primero debe dedicarse a sembrar, no a cosechar. Todos sus esfuerzos deberán estar dirigidos a hacer de cada uno de sus vendedores un campeón en ventas; conocerlos a fondo, saber sus debilidades y fortalezas.

Tiempo para la excelencia

Abrumador, realmente aplastante, casi incómodo; es tanto que hasta duele: todo el viejo continente es un exceso de arte. Arte aquí, allá y en todos lados. Las fachadas de los edificios, las bancas de los parques, hasta los grafitis callejeros se perciben con esmero. Intentar ver un museo completo en cualquier ciudad importante es tanto como estar dispuesto a no ver más que un museo completo en todo el viaje. De a "rapidito" pasas las pupilas obra por obra y permites que tu mirada se detenga en alguna que "cuando mucho" te atrapa unos cuantos segundos más, hasta que brincas a la siguiente que, por magnífica, merece dos minutos y, claro, luego pasas a aquella que te hace sentir tal magia que no reparas en dejar de contemplarla hasta que tu esposa (o tu compañero de viaje) te golpea con el codo reclamándote prontitud. Las obras de esta envergadura, las que atrapan el alma, son lienzos cuyos autores tardaron varios años en terminar… ¡varios años! Así como lo lees, varias horas cada día, todos los días durante varios años.

¡Claro que el nivel de perfección y detalles es abrumador! El compromiso personal del pintor estaba muy por encima del de la comunidad, casi cualquier obra se pintaba en meses y se detallaba en años; este último proceso terminaba cuando el artista consideraba que ya estaba a la altura de su firma, con la conciencia de que pasaría a la eternidad y sería apreciada por cientos de futuras generaciones. En contraposición, cada día vamos por la vida tan deprisa que no hay tiempo para comprometernos en el cuidado minucioso de los detalles que la excelencia exige; la competitividad es tanta, la caducidad de conceptos y productos tan breve, que ni remotamente podemos enfocar ese nivel de excelencia en nuestra obra cotidiana. Piensa que hoy sólo proyectos de inversión multimillonaria, megaconstrucciones o investigaciones científicas pueden soportar un proceso de cinco o seis años en su etapa de creación. Las prioridades han cambiado, una "simple obra maestra de arte" no merece la espera de tantos años de enfoque y pasión.

Concluyo sintiendo un poco de pena por la falta de tiempo de nuestra sociedad actual para cultivar la excelencia, seguro de que si cualquiera de nosotros intentáramos esos estándares en nuestro trabajo, seríamos despedidos por ineficientes y colgados. Veo difícil que exista alguna actividad cotidiana que pudiera esperar diez años para ser terminada con perfección.

Lo que es un hecho es que sí cuentas no con diez sino con muchos años más para esculpir la obra de tu vida; con más o menos quince años para detallar la autoestima de tus hijos; con un poco más de veinticinco para pintar un matrimonio de excelencia y con algo así como cuarenta para colorear una carrera profesional que trascienda en tus acciones, para construir de ti mismo la obra maestra de tu creación.

La única manera posible de lograr tus metas es comprometiéndote con un nivel de exigencia personal superior, haciendo un espacio breve pero constante en tu vida para preguntarte si lo entregable de tu trabajo, de tus relaciones, de tu vida misma está a la altura de tu firma; si tienes la conciencia de que va a ser contemplada por cientos de generaciones futuras seguro darás siempre un gran esfuerzo.

Inteligencia emocional

Es claro que en las relaciones humanas intervienen sentimientos y emociones que son un factor por el que, comúnmente, existen roces en nuestra familia, en el trabajo, con los amigos, etcétera. ¿Cuántas veces has sentido que vas a estallar porque reprimes tus emociones y no abres tus sentimientos? Ante un problema, ¿has actuado de manera impulsiva siendo presa de tus emociones?

A la capacidad de resolver problemas se le conoce como inteligencia. El hecho de que no puedas resolver problemas de tipo emocional se debe a que no has desarrollado tu inteligencia emocional, no porque no quieras, sino porque en nuestra cultura no nos enseñan cómo hacerlo. La inteligencia emocional es una forma de interactuar con el mundo que considera los sentimientos y habilidades, así como el control de impulsos, la autoconciencia y la empatía. La inteligencia emocional puede servir en tu día a día para:

1. Solucionar de la mejor manera problemas combinando la lógica y los sentimientos.

2. Ser más flexible y adaptable a los cambios.
3. Ser empático con el otro para ayudarlo a expresar sus emociones.
4. Responder a situaciones y personas difíciles con calma, paciencia y de forma adecuada.
5. Mantener una perspectiva optimista y positiva ante la vida.
6. Desarrollar herramientas continuas de mejora personales, familiares, afectivas y laborales.
7. Ver en cada obstáculo un nuevo reto por superar y una oportunidad de crecimiento.

Te estarás preguntando: ¿Cuál es la mejor forma de manejar las emociones? Hay tres formas en las que manejamos nuestras emociones:

1. La primera es imaginar que la emoción es agua contenida en un pozo sin movimiento, lo que equivale a controlar o reprimir las emociones. ¿Qué pasa con el agua en tales condiciones? Naturalmente se pudre y pierde vitalidad.
2. La segunda es como la del tsunami cuya violencia arrasa con todo a su paso y causa muerte y devastación, lo que equivale a dar rienda suelta a nuestras emociones sin medir consecuencias, de tal forma que nos convertimos en sirvientes de ellas, lastimando a otros y a nosotros mismos al crear conflictos.
3. La tercera (e ideal) es como una represa hidroeléctrica que permite que el agua fluya pero a la vez es canalizada para fines productivos.

Como puedes darte cuenta, los extremos en el manejo de emociones no son nada benéficos ni productivos, al contrario, te acarrean más problemas. La clave para aprender a manejar tus emociones, como la tercera opción (la de la represa), radica en el autoconocimiento. Conócete, si tú no sabes lo que sientes, cómo reaccionas, cómo eres, entonces no pretendas que los demás lo sepan.

Ten autocontrol, el secreto para ello es respirar profundamente y con la boca del estómago, es decir, el diafragma. Respira lenta y profundamente hasta obtener calma y lograr que tus pensamientos se aclaren; en ese estado podrás analizar de forma objetiva la situación y actuar en consecuencia.

Conociéndote y teniendo autocontrol puedes ejercer la empatía con los demás. Ponte en su lugar, trata de identificarte. Siendo empático sabrás manejar tus relaciones personales. Día con día desarrolla y pon en práctica tu inteligencia emocional.

Todos los gritos de septiembre

Miles de personas aclamamos cada mes de septiembre a nuestro querido México. Algunos con la angustia e impotencia del "¡Ya basta!", otros con la algarabía del "¡Viva!", y otros con la indignación del "¡Qué poca madre con este país!"

Todos nos sentimos muy mexicanos en esos días, en los que la peor crisis económica de nuestro vecino del norte no nos dio "pulmonía" como en otros tiempos; en los que dos de los nuestros se colgaron sendos oros al cuello en la Olimpiada; en los que la infraestructura de las ciudades se moderniza como nunca; en los que secuestro, violencia y narcotráfico vuelven a ser encabezados.

Cuando en alguna conferencia pregunto abiertamente: "¿Cómo son los mexicanos?" las respuestas frecuentes suelen ser: "Divertidos, tranzas, mujeriegos, entregados, borrachos, impuntuales, dicharacheros, necios, flojos, incumplidos en tiempos de entrega, apasionados, alegres, buenos anfitriones." Al responder nunca reparamos en que somos nosotros los que contestamos, los mismos de los que hablamos. Nosotros somos los "mexicanos", ese sujeto intangible: la gente, nosotros, tú y yo, cada uno de modo individual y, por supuesto, en suma, somos la sociedad.

Y no será hasta que nosotros, tú y yo en forma individual, generemos cambios tangibles y concretos, que se transformará nuestro país. Por supuesto, hay que presionar a las autoridades "si no pueden que renuncien": otro grito de septiembre que estoy cierto vivirá por muchos años; pero también tendríamos que darles la misma oportunidad a nuestros hijos, a nuestros socios, colaboradores o clientes. La crítica social que vale, la única que auténticamente transforma a una nación es la autocrítica de cada ciudadano.

Cuando le gritas a tus hijos podrían ellos reclamarte: "Pues si no puedes como padre, renuncia."

¿Cuántos de nuestros clientes, socios o colaboradores hierven de ganas de gritarnos lo mismo cuando los beneficios tangibles de los que tú y yo somos responsables no llegan?

Personalmente he sido víctima de la delincuencia de esta ciudad en más de cuatro ocasiones. No estoy siendo complaciente con la autoridad, espero que hagan su trabajo de una vez y pronto, pero mientras eso sucede, te invito a pensar: ¿Qué podrías mejorar tú de la podredumbre que vivimos? ¿Qué valor podrías reconquistar tú de los que ha perdido la sociedad? ¿Podrías ir a conocer a tu vecino y saludar? ¿Podrías amarrar un palo de escoba al arbolito que se tuerce al salir de tu propia casa? ¿Te resultaría muy molesto pintar cien metros de amarillo en la acera de tu casa en compañía de tus hijos y así fomentar un civismo proactivo? O será que realmente con ir a marchar un domingo (¡bien hecho!) nos alcanza para poner en paz nuestra conciencia. ¿Queremos de verdad transformar nuestro país, nuestra ciudad y nuestra vida o nos alcanza con decir que lo estamos haciendo?

Te platico una anécdota: A las 9:00 de la mañana en punto tenía una cita que establecimos mi cliente-amigo y yo en su oficina del norte de la ciudad, a más de dos horas de tránsito de distancia. Llegué y lo esperé en su propia oficina 45 minutos. Se presentó sin darle importancia a su retraso, listo a presumirme que caminó todos los metros caminables en la megamarcha de aquel fin de semana proclamando el "¡Ya basta!" en el Zócalo. Congeló su tono heroico cuando con toda la objetividad y seriedad le enfrenté solemnemente con un: "Pues más puntualidad y menos marchas, ¿no?"

¡Qué poca madre por la violencia! Sí, que poca madre pero ¿qué hay de la violencia que reina en nuestras casas? De ese: "Levanta tus juguetes que ya va a llegar tu papá y ya sabes cómo es." ¿No acaso eso es hacer que la gente haga las cosas por miedo?

"¡Ya basta!", es el grito de septiembre. "¡Que viva México!" Sí, pero que viva bien y eso depende de que tú y yo actuemos. Los valores son las conductas repetidas que nos identifican, no sólo los idearios sublimes que quisiéramos alcanzar. Creo que es bueno reflexionar: ¿Qué cosas positivas hacemos por nuestro México, además de marchar y de gritar?

La fuerza del miedo, ¿la usas o te usa?

Escribí este artículo justo un 19 de septiembre, en un aniversario más del fatal terremoto de 1985, día que nunca olvidaremos en México y menos aún en el Distrito Federal. No puedo dejar de pensar en el miedo que experimentaron miles, millones de personas; a algunas este sentimiento las paralizó y quizá les provocó la muerte, pero a la gran mayoría este miedo las hizo moverse y actuar para salvar sus vidas. Hoy en día, tantos años después, seguimos teniendo miedo.

El miedo es un sentimiento que puede convertirse en un gran motor, fuente de fuerza y energía, o en casos extremos, el agente paralizador más grande que existe, al grado de anquilosarte, detenerte y paralizarte. Afortunadamente, la gran mayoría de las personas actúan aun sintiendo miedo; sin embargo, este sentimiento no es experimentado por todos de la misma manera. Lo importante no es el miedo sino cómo lo usamos.

Actuamos en respuesta a las emociones, y el miedo es una de ellas, hay que usarlo a nuestro favor. El miedo es energía pura y como tal es canalizado. Hay que aprender a utilizarlo.

Te daré algunos ejemplos: imagina que es de madrugada y vas con tu familia caminando por el Bronx, en Nueva York. De pronto, aparecen unos tipos como de dos metros con armas y actitud poco amigable.... O qué tal que inicia un incendio en el edificio en el que te encuentras durmiendo.

¿Qué haces en ambas circunstancias? Obviamente, vas a experimentar miedo y mucho, pero también vas a reaccionar, actúas a partir de esta emoción. Sería la misma experiencia para cualquier persona, pero aquí viene la parte fundamental de cómo la racionalización del miedo nos hace dominarlo o no, usarlo a nuestro favor o en nuestra contra. Siempre detrás del miedo hay ignorancia, por ende el conocimiento vencerá al miedo. El miedo es irracional, e invariablemente hay una causa que lo detona. Cuando entendemos lo que se esconde tras nuestros temores, podemos menguar y superar los miedos. Sólo racionalizando podemos controlar esta emoción.

Otro tema importante es cómo heredamos miedos, muchas veces infundados, a nuestros hijos y descendientes: sucede por desconocimiento y se conoce como miedo aprendido. A partir del estímulo y de la racionalización podemos heredarles traumas y temores, o heredarles acción.

Pregúntate: ¿qué harías si no tuvieras miedo? Sea lo que sea, anímate a hacerlo, muévete. Como decimos: aviéntate a hacer, a producir, actúa y quítate el miedo.

A lo mejor no aguantas a tu pareja o al jefe que te hostiga, que hace *mobbing* o te maltrata, y llevas años así por miedo a lo desconocido, y te pasas la vida ahí. Recuerda que debes usar tus temores como impulsores para hacer las cosas cuando identificas los motivos y las razones de los miedos. Te comparto un ejemplo de esto: si te propusiera trasladar un bulto con 40 kilos de cemento a una distancia de cuatro kilómetros sin ayuda, ¿cuánto tiempo crees que necesitarías para culminar esa tarea? Unos 50 minutos, 40 tal vez. Ahora permíteme ser un poco agresivo, pensemos que tu hijo pesa 40 kilos y hay que llevarlo en medio de una emergencia médica de lo que dependerá su vida a cuatro kilómetros de distancia, donde está el hospital para salvarlo, ¿cuánto tiempo te tomaría trasladar a tu hijo sin ayuda en esas circunstancias sólo con tu fuerza física? El tiempo cambia, ¿verdad?

¿Será que el kilo de niño es menos pesado que el kilo de cemento? No, por supuesto que no, la diferencia es la motivación.

La motivación implica definir cuáles son tus razones para actuar, qué es lo que te impulsa a hacer lo que tienes que hacer para que lo hagas y lo hagas bien. Así como en el ejemplo de los 40 kilos, todos los días debes hacer tu trabajo y hacerlo bien; qué tanto te pesen estos kilos, qué tan fácil o difícil se te haga el día cotidiano depende de qué tan claro tengas por qué y para qué haces lo que haces.

No le tengas miedo al miedo, úsalo y no te permitas que él te use. Hazlo tu combustible para llegar a donde quieras llegar.

La crisis no se acabará nunca

Plática optimista escuchada cualquier día, en cualquier mes:

—¿Cómo te va?

—Pues mira, la verdad muy mal, pero ya escuché en las noticias que la crisis se está acabando, o sea que ya merito me compongo.

—Sí, parece que el problema de la bolsa ya tocó fondo.

—¡Qué bueno!, en poco tiempo nos levantamos todos.

—Verás que pronto todo vuelve a la normalidad.

Si te parece demasiado ingenua mi forma de empezar esta reflexión, te sorprenderías de saber que millones de personas tienen este pensamiento incrustado como realidad absoluta en su cerebro. Pareciera que creemos que el asunto de la economía mundial y de sus implicaciones en nuestra vida personal tiene una especie de interruptor eléctrico que algún dedo mágico está a punto de encender para que todo "vuelva a la normalidad". Y éste es el asunto total de mi mensaje, esa "normalidad" que estamos esperando se restablezca ya no existe y nunca más volverá a existir. La "normalidad" efectivamente llegará en breve, pero no como un *flashback* de los tiempos que pasaron y de las formas que acostumbrábamos; la "normalidad" llegará en breve cuando nos acostumbremos a la nueva condición que impera, la controlemos y aprendamos a vivir con ella en nuestra individualidad. Será entonces cuando todo vuelva a ser "normal".

El asunto entonces tiene que ver con cómo quiero que sea mi nueva normalidad, cuáles serán los parámetros que económica, familiar y personalmente van a establecer las nuevas normas, de ahí la palabra *normalidad*. Si nos apegamos a la definición exacta de "normalidad", tenemos que es la cualidad de un ser o cosa para ajustarse a los valores o medios de una variable. Podemos aseverar que la crisis como tal nunca va a terminar, llevamos más de 80 años en situaciones de crisis y nada parece indicar que esto en realidad vaya a cambiar en el futuro, simplemente la última crisis que hemos padecido ha sido más aguda que otras y, por supuesto, global, pero de ninguna manera será la última.

Puedes tomar control de tu economía personal, reinventar la forma en que obtienes ingresos y atreverte a depender en primera instancia de tu propio esfuerzo y talento para generar un autoempleo.

Si tienes empleo, valóralo y cuídalo. Si no lo tienes, olvídate de seguir buscando o dedica muy poco de tu tiempo y recursos en esa empresa y enfócate a encontrar formas diferentes de construir riqueza. Puedes poner un negocio, asociarte a alguna empresa u ofrecer tus servicios profesionales independientes.

Es ahora cuando no tienes nada que perder y te puedes atrever a ir por todo en la senda del autoempleo. La carrera por el éxito corporativo cada vez está más devaluada, dentro de pocos años más de 35 por ciento de los habitantes en los llamados países de "primer mundo", trabajarán desde su casa en proyectos de autoempleo, ya sea como independientes en microempresas o asociados a compañías que promuevan sus productos o servicios en canales de distribución hasta hoy poco explorados.

Créeme, la palabra clave hoy es *anticipación*. Si quieres estabilidad mañana, toma el control de tu economía desde hoy y no esperes a que "la crisis termine para volver a la normalidad", porque lo único que se terminará en el camino son tus reservas. Define tu nueva normalidad y busca opciones para construirla, convoca a una reunión familiar y establece en ella formas creativas de emprender un negocio. Estoy seguro de que, además de mejorar y controlar su economía, encontrarán la forma de hacer de esto un punto de convivencia y crecimiento familiar.

Donación de órganos en vida

Nadie es tan pobre que no pueda dar algo a los demás. Nadie es tan rico que no pueda aceptar y valorar algo de los demás.

Es una pena que tantos órganos en buen estado no sean aprovechados por otras personas que podrían continuar su vida gracias al cuerpo de otros, pero el asunto cultural y logístico aún lo complica.

¿Qué hay entonces de la posibilidad de donar parte de nuestros órganos en vida? ¿Qué hay por ejemplo de la capacidad de compartir parte de nuestro conocimiento con alguien que sepa menos?, ¿no compartiríamos así nuestro cerebro? Y si la humildad nos permitiera abrazar más frecuentemente a nuestros hijos, ¿no estaríamos donando nuestro corazón un poco? Podríamos también ceder un poco de nuestros oídos al amigo triste y en problemas, o de nuestros ojos indolentes a la pobreza y condición de los niños de la calle. Podríamos regalar pedazos de nuestras manos al sembrar un árbol o tal vez de nuestros pies al caminar y dar un bocado a los ancianos olvidados.

Podríamos simplemente prestarnos completos un instante al enfocarnos en compartir con nuestra pareja y por supuesto comprometernos a futuro, soñando un país mejor; donando lo mejor de nuestros órganos en su conjunto, haciendo en vida algo porque ese sueño se torne realidad.

Como sociedad latina, en promedio donamos menos del uno por ciento de nuestro tiempo a causas benéficas. Podría entender que no donáramos dinero siendo una sociedad mayoritariamente pobre, pero en conjunto, ¿no podremos realmente regalar quince minutos al día (el uno por ciento), una hora a la semana y poner lo mejor que tenemos (pedazos de vida) a disposición de otros?

Una ley de abundancia implica que des parte de lo mejor de ti para que el universo pueda devolvértelo multiplicado. Sólo la semilla que se esparce fructifica, sólo dando recibes.

¿Eres tan pobre que no puedes hacer algo por los demás el día de hoy?

Pregunta

"¡Mamá, yo no quería desayunar eso!" "Mi amor, te agradezco enormemente el esfuerzo, pero no es la corbata que necesitaba." "El proyecto y la presentación te quedaron perfectos. Felicidades, pero con un boceto en sucio era suficiente, realmente se trataba tan sólo de un anteproyecto y perdiste muchas horas productivas a lo tonto." ¿Te ha sucedido?

Hay muy pocas cosas más frustrantes que hacer un trabajo, hacerlo bien, hacerlo muy bien y que de todas maneras no sirva para nada. Ante un "excelente-inútil-trabajo", la persona que lo realiza no sólo no recibe reconocimiento positivo, sino que, encima, queda como ineficiente a pesar de haber dado su máximo esfuerzo y hacer en realidad un trabajo de excelencia. Y es que miles de veces hacemos las cosas correctamente, pero no hacemos las cosas correctas.

La mayoría de los problemas de integración, trabajo en equipo y cohesión en las empresas (y me atrevería a decir también de una familia o de un matrimonio) obedecen a fallas en la comunicación básica.

El interlocutor tiene una expectativa en la mente que no alcanza a manifestar o, peor aún, que espera sea descubierta y satisfecha "mágicamente" por la otra persona.

Puede ir desde el típico: "¿Por qué no le dices que te gusta?", el elemental: "¿Con azúcar su café?, ¿cuántas cucharadas?", hasta el mucho más profundo: "En este proyecto gastamos diecisiete por ciento de costo innecesario sólo por esta decisión que no aporta nada al objetivo." Un buen amigo y colega, Rafael Ayala, lo dice así: "Los problemas entre las personas no obedecen a malas intenciones, sino a deficientes modos de comunicar al otro lo que uno tiene en la cabeza." No nos atrevemos a preguntar con exactitud cuáles son las expectativas del otro por temor a pasar por tontos, incultos o poco preparados, aunque a la entrega de resultados después de un excelente trabajo quedamos como ineptos por excelencia ya que el resultado que se buscaba no es el que ofrecimos. Así es que en vez de adivinar... ¡pregunta!

Preguntar no te hace menos inteligente, simplemente te ayuda a llegar más pronto al objetivo.

Mi definición de éxito

La palabra *éxito* viene del latín *exire,* "salir", formada por *ex* "fuera" e *ire* "ir", por lo que significaría "salida".[2] "Su éxito" se definiría como "su salida". Creo que "tener éxito" como "tener salida" se resume claramente con el "salirse con la suya". Obtener lo que se desea y darle un propósito final, una salida a la existencia misma.

Por supuesto que aquella definición de Earl Nightingale —que marcó mi vida en la juventud— que se refiere al éxito como "la consecución progresiva de un ideal digno", me acomoda al cien por ciento. O será que en los albores de mi juventud mis mentores hicieron que me acomodara y grabaron sosiego en mi conciencia al permitirme "trabajar con ahínco y disciplina todos los días" (la consecución progresiva) por algo que *yo* considerara "valioso y digno para los demás" (un ideal digno).

Y es que hasta en esa definición el concepto sencillo y llano de salirse con la suya aplica al dedillo, siempre y cuando lo que

2 Otros estudiosos ubican el origen en el latín *exitus* con el mismo significado. En inglés derivó en la palabra *exit* que significa literalmente *"salida"* [N. del E.]

persigues sea para ti digno de alcanzarse; acercarte paulatina y constantemente a su consecución te hace exitoso, es decir, hace que te salgas con la tuya.

Por supuesto que hablar de éxito es hablar de persistencia, disciplina, constancia, actitud positiva, autoexigencia, entusiasmo y todas estas lindas cuestiones que intentamos convertir en los ingredientes de un pastel que todos queremos comer, y que al final del día, sea cual sea nuestra propia conceptualización, todos queremos hornear y saborear.

Claro está que con una definición tan ambigua como la que en mi juventud creí como absoluta, habría que poner mucho más énfasis en los ingredientes que en el pastel mismo. Dando por sentado que aquello que representa lo que deseo —eso en lo que yo me quiero salir con la mía—, en lo que quiero ser exitoso, es un ideal digno para mí y para la sociedad que me rodea. Libros, discos y autores tratan entonces de aleccionarnos respecto al procedimiento exacto en el cual hay que combinar atributos motivacionales para conseguir la tan anhelada salida, el tan esperado (o perseguido) éxito.

Más allá de las condiciones para el éxito, yo quiero invitarte por unas cuantas páginas a reflexionar no sobre la receta, ni sobre los procedimientos de horneado, ni siquiera sobre los mismos ingredientes. Quisiera ir un centímetro más allá y sentarte frente al pastel terminado y a punto de servirse.

Si tu ideal digno, el sinónimo de tu éxito, es amasar una estrepitosa fortuna, y al final de tu adultez realmente la tienes en tu cuenta bancaria, ¿has alcanzado el éxito?

¿O será un día después, cuando te dispones a comerte el pastel que horneaste durante años, cuando estás frente al resultado de tus ahíncos, esfuerzos y persistencias y decides lo que de verdad quieres hacer con esos logros?

Seguramente muchos de mis colegas o autores del tema estarán de acuerdo en el camino, en la receta misma. Algunos de ellos te hablarán de condiciones universales inequívocas como la disciplina, que no hay éxito sin persistencia y constancia, que será fundamental establecer una meta y clarificar objetivos antes de empezar. Otros te dirán, ¡y cómo no!, que si el camino no es divertido no vale la pena caminarlo. Empezarán, claro, por inspirarte, diciéndote que sólo pensando en grande podrás aspirar a resultados grandes y que tus sueños están ahí en tu alma esperando a ser soñados, que te comprometas con ellos para darles la oportunidad de nacer y materializarse.

Yo mismo he escrito un par de libros al respecto[3] y he instado a miles de personas en mis conferencias y seminarios arengándolos hacia una libre y desbocada hazaña de entereza; encarar con responsabilidad sus deseos y anhelos más profundos y no permitir que mueran antes de nacer por temor, flojera, excusas o mediocridades vanas. El resultado es más o menos el mismo: quienes están en realidad comprometidos con sus sueños valoran enormemente los preceptos vertidos en la literatura, hacen suyos los contenidos humanísticos y los utilizan para reforzar y aderezar la construcción (el horneado) de sus pasteles de vida.

Quienes tibiamente ambicionan una rebanada pero no encuentran la autoestima necesaria para gritarle al mundo un "¡Basta de mediocridad!", encuentran en estos contenidos la

---

3 *Alcanza tus sueños* y *4 Minutos para crecer*, que obtienes en el sitio web www. heliosherreraconsultores.com [N. del E.]

bocina que amplifica el valor de sus corazones y les permite el arrojo suficiente para emprender la hazaña. En muchas ocasiones les alcanza para realmente empezar a generar resultados en sus vidas, al menos para saber y decir que "ya están haciendo algo".

Y para quienes —inertes de esperanzas, abatidos por el hastío o enfermos de depresión constante— no hay porra que valga, quizá las palabras de mis colegas, sus conferencias y las mías propias puedan incomodar, y en el peor de los casos agravar el sentimiento de frustración, inadecuación y culpa al enfrentarlos a que, por sus pequeñeces y falta de entrega, no se atreven a tomar sus vidas en sus manos y construir el camino hacia sus propios éxitos, hacia su propia *salida* o a lograr sus deseos (si es que son dignos) y salirse con la suya al materializarlos.

Pero, ¿qué hay después de horneado el pastel? ¿Por qué seguir al pie de la letra la receta te garantiza, cualquiera que sea el método elegido, que el resultado se dará?

En este mismo comentario deseo reflexionar contigo sobre qué hay después de que "te sales con la tuya".

Después de salirte con la tuya

El éxito es un proceso humano necesario pero cambiante a lo largo de la vida. Nuestra esencia innegable de competitividad no deja sombra de duda cuando reparamos en entender que fuimos la célula comprometida en ganar aquel maratón contra 60 millones de células similares que tenían como ideal el mismo pastel; ¡vaya!, todos queríamos fecundar al óvulo, pero tú y yo *ganamos*, nos *salimos con la nuestra* dejando atrás a millones de colegas que lo intentaron. Tuvimos éxito.

Dejemos por sentado —dada la brevedad del texto que tengo para comunicarme— que nuestra esencia básica tiene dos preceptos fundamentales:

1. Somos competitivos.
2. Hicimos bien lo que teníamos que hacer desde antes de nacer o no hubiéramos nacido. En la niñez, no obstante, nuestro desarrollo temprano poco tiene que ver con demostrar nuestra competencia: salirnos con la nuestra, ser exitosos, es un asunto más con nosotros mismos y con nuestros padres que contra los demás. Sabernos amados y aceptados incondicionalmente por nuestros padres es, pareciera, el ideal digno más importante en la etapa del niño. Esto es al grado tal que la mayoría de nuestros traumas o inseguridades de adultos estarán relacionados con qué tan exitosos fuimos para sentirnos (y no para que nos hicieran sentir) aceptados y amados por nuestros padres o adultos con figura paterna.

De acuerdo con qué tan bien hayamos logrado este objetivo primario, en la adolescencia nos enfrentaremos con mayor o menor energía a romper los estándares que nos incomoden, a ceñirnos a las reglas que consideremos reales y desdeñemos las que no coincidan con el tipo de ingredientes que buscamos para nuestro pastel de vida. Así, en esta etapa de vida, el éxito bien puede ser demostrar y desarrollar independencia, hacer notar que podemos tomar nuestras propias decisiones y que, siempre y cuando aceptemos enfrentar las consecuencias, podremos salirnos con la nuestra. Pero aún en esta etapa estamos más enfocados en el éxito, en el pastel mismo, que en aceptar las consecuencias de haberlo horneado.

Para la adultez joven, tenemos un gran número de paradigmas prefabricados por una sociedad que ha tratado de llenar vacíos emocionales con bienes materiales; así que la forma en que medimos nuestro éxito será de acuerdo con la cantidad de acumulación material, estatus y nivel social. Y aprendemos las técnicas necesarias para dicha acumulación. En muchos casos, nuestra esencia competitiva nos hace sobreestresarnos, trabajar al mil y medio matarnos justo por alcanzar los niveles de estatus que nos posicionen por encima de los demás. Para miles eso es el éxito en esta etapa de la vida.

Parece que salirnos con la nuestra —tener éxito— es alcanzar lo que otros han establecido como el paradigma social del éxito. Por ello, yo me pregunto si en verdad en esa etapa nos salimos con la nuestra o más bien nos estamos saliendo con la de la sociedad misma, que enarbola marcas de estatus para luego vendérnoslas más caras en una carrera similar a la del roedor que se ejercita en el cilindro de metal dentro de su prisión, y que siendo una banda sin fin lo cansa, lo entretiene y le permite dormir con sosiego al sentir que ha caminado mucho... aunque verdaderamente no haya llegado a ningún lado.

Cuando se alcanza la etapa de adultos, algunos no logran ver (sea porque consiguieron el estatus social que anhelaban, o justamente porque no lo lograron), que su carrera hacia el éxito ha mermado al menos en velocidad; muchos siquiera siguen caminando, otros tantos quedan atrapados en la medianía que la rutina supone, entre cuentas, gastos, responsabilidades y grasa acumulada.

Pareciera que se nos olvida lo que algún día queríamos obtener. Peor aún, se nos olvida lo bien que nos sentíamos cuando trabajábamos entusiasmados por obtenerlo (lo lográramos o no).

Y la vida nos alcanza. Nos hacemos padres o madres de familia y tratamos de trascender a través de la existencia de nuestros hijos. Queremos que ellos se salgan con la nuestra. Casi sin darnos cuenta reflejamos nuestras grandezas y pequeñeces en ellos. El éxito en esta etapa pareciera estar enfocado en encontrar estabilidad emocional y económica para los nuestros, lo que sin duda es el objetivo de millones que en el camino perdieron de vista su propósito primario y terminan por no salirse con la de nadie, al meramente operar un aparato social "exitosamente" ¡ja!. Hacia el otoño de la vida hay varios tipos de ancianos exitosos: quienes logran vivir con mucha paz y tranquilidad, se hayan o no salido con la suya; quienes tratan de negociar con una postura de sabiduría y evolución la falta misma de resultado, y por supuesto también quienes se salen auténticamente con la suya, disfrutando equilibrio en todas las facetas de su existencia.

El éxito fue el correcto en cada etapa de la vida porque cada escalón te enseña lo que en cada nivel debes aprender para desarrollarte como ser humano. Así, un viejito amargado matándose por acumular fortuna da tanta flojera como un niño tratando de ser sabio o un adolescente preocupado por los hijos que aún no tiene.

En este sentido, cada etapa y los éxitos de cada cual se van sumando en el propósito final. ¿Lo alcanzas a ver? No es sólo el logro de la meta anhelada, sino lo que dicha meta y dicho logro aportan a tu vida. Te vas desarrollando, vas creciendo, aprendiendo lo que necesitarás en el siguiente nivel de tu existencia y convirtiéndote en mejor persona.

En lo que nos enfocamos

Muchas veces he dicho en mis seminarios: "Si te enfocas en tener dinero estás mal enfocado." *No te enfoques en las consecuencias sino en las causas.* Si deseas tener buena salud y buen cuerpo enfócate en hacer ejercicio todos los días, la salud vendrá, estará siempre ahí por consecuencia. Si deseas un matrimonio longevo y estable enfócate en decir "te amo" de cuando en cuando en la cotidianidad. Igualmente, si quieres riqueza material… ve a las causas, no a las consecuencias.

Al final, unos más otros menos, todos seremos recordados por quienes nos aman y todos, también, seremos olvidados después de algunas generaciones más. Lo que me lleva al aterrizaje inequívoco de que "lo que tú no hagas por ti, nadie lo hará", pues nadie puede salirse con la tuya. Eres tú y sólo tú quien tendrá la opción de soñar y eventualmente materializar tus sueños o no.

Y sólo tú serás quien al final de la película pueda contar tu vida, como diría Borges, "por amigos y no por años." Entonces, en perspectiva, el pastel salido del horno carece de importancia si no se ve la foto completa.

¿Cuántos pasteles horneaste es la diferencia? No, eso sería meramente acumulación de éxitos. Creo yo que el propósito final es lo importante. ¿Qué hiciste con cada pastel? ¿Para qué sirvió tu éxito? ¿En cuántas vidas influiste a través de él? Ultimadamente, ¿con quiénes y con cuántos compartiste rebanadas?

Al final del día, el asunto tiene que ver, a mi parecer, con la congruencia del objetivo que plantea en cada etapa de nuestra vida. Pero más aún en la conciencia de qué se hace con el pastel una vez horneado; está bien, me salí con la mía, tuve éxito, pero qué hice con ese éxito en cada etapa, qué tanto puedo decir: "Me salí con la nuestra" o, mejor aún: "Te ayudé a salirte con la tuya."

Ahora te pido que reflexiones:

- ¿El fin justificó los medios?
- ¿Me inscribí en la vida de otros?
- ¿Lastimé, vejé, humillé o pisoteé a otros por lograr mi éxito?
- ¿Me degradé a mí mismo?
- ¿Me conformé mediocremente al renunciar a una batalla sabiendo que podría haberla enfrentado (y hasta ganado)?
- ¿Me desgasté tratando de combatir a un ejército yo solo, sabiendo que no podría ganar esa batalla, pero con la gratificación personal de no permitirme renunciar (a ningún costo) aunque haya sido una estupidez el desgaste, y el resultado sólo me enseñó que las cosas tienen un proceso y un tiempo?

Y si fue así:

- ¿No fue ese conocimiento suficiente para que haya valido la batalla por encima del hecho de haberla peleado con idealismo y a veces hasta con soberbia?
- ¿No me hizo mejor y me permitió el conocimiento mínimo necesario para entender el siguiente escalón y el siguiente éxito de mi existencia?

La vida es una espiral continua, más que una escalera empinada a 90 grados. Es una espiral que te reta a descubrir lo mejor de ti en cada etapa y te devuelve un poco a la etapa anterior, si no reparas en lo que debiste aprender en ella.

Ya teniendo el pastel horneado, ya con el éxito en tus manos, el verdadero éxito está en saber qué hacer con él, cómo, cuándo y con quién compartirlo. Aunque eso sólo pueda ser entendido por quien ya lo está sacando del horno, mientras que el joven pastelero está más apurado pensando en que el fin único de la vida es hornearlo, alcanzar la meta anhelada aunque no tenga del todo claro para qué la quiere alcanzar.

No obstante —y mirando más hacia la hechura del pastel, que es probablemente tu expectativa respecto a este artículo— no puedo terminar sin puntualizar las variables mínimas que, en veintitantos años de experiencia, puedo aportarte:

- El éxito siempre empieza con un sueño, con una irrealidad aparente que se apodera del ánimo del soñador.
- El tamaño y la magnitud del éxito de una persona o empresa es directamente proporcional al tamaño del sueño que la

gestó. Ya dijo Og Mandino: "Piensa en grande y serás grande… piensa en pequeño y serás pequeño."

- Ese sueño debe ser convertido en meta. Los sueños, sueños son y no se materializan, son las metas las que se pueden volver realidad.

- Un sueño no convertido en meta se convierte en frustración, de ahí mi sentencia: "Atrévete a soñar lo que estés dispuesto o dispuesta a lograr" (que encuentras en mi libro *Alcanza tus sueños*).

- Hay evidencias inspiracionales de cómo la humanidad, aun en sus peores circunstancias, puede lograr aquellas cosas que desea con disciplina, persistencia, entusiasmo, pero más aún: "Hay que investigar qué se debe hacer para lograr lo que se quiere lograr y hacerlo."

- Las ganas no alcanzan, en este mundo físico de realidades físicas sólo las acciones generan reacciones. Si crees incluso en la realidad cuántica entenderás que el pensamiento positivo no deja de ser causa… física… acción.

- De cualquier manera el éxito siempre es consecuencia. Puedes estudiar y enfocarte en sus causas pero no dejes de ver que el éxito mismo también será causa de una consecuencia aún mayor.

Tal vez la trampa más importante en el camino de tu grandeza sea el autoconcepto y la honestidad contigo mismo. Y es que aquel gordo te dirá: "Yo prefiero estar gordo y dar risa, que flaco y dar lástima", "Yo me quiero mucho siendo gordo", "Así soy y así me acepto". Y si así fuera sería magnífico. El problema es que sólo él sabe en verdad su sentimiento pleno al respecto.

Solo él sabe si realmente se gusta como es o ha aprendido a aceptarse y contentarse siendo así, en lugar de pagar el precio por hacer de su físico algo diferente.

¡Vaya! siempre que encuentro una respuesta así le pregunto al participante (gordo): "O sea que si mañana mágicamente amanecieras delgado, ¿harías todo lo posible por volver a engordar lo más pronto posible?". Noventa por ciento de las veces la respuesta es: "No." En el otro diez por ciento, silencio.

Lo mismo pasa con el fumador que se declara contento y satisfecho con su vicio: "¿Si oprimiendo este botón rojo dejaras de fumar sin esfuerzo y sin sufrimiento, lo apretarías?" La respuesta 90 por ciento de las veces: "Sí."

Y no digo que el éxito tenga que ser construido siempre con sacrificio o dolor, pero sí con un precio a ser pagado. El principal enemigo a vencer, en mi experiencia, es qué tan honesto eres respecto a la realidad que tienes *vs.* la que querías (o no) lograr.

Cuando en mis seminarios me dicen: "Es que el libro dice que el monje vendió su Ferrari, pues comprendió que la vida no era solamente acumular riquezas económicas"[4], casi siempre les contesto: "Tanto mejor para el monje: primero lo compró, luego lo usó y lo disfrutó y luego lo desdeñó." ¡Vaya!, no se puede vender lo que no es nuestro, no se puede desdeñar lo que no se tiene, al menos no de manera auténtica. Seguro que en el proceso para comprar el Ferrari el monje tuvo que enfrentarse a una serie de retos y problemas, y al solucionarlos incrementó la estatura de su Ser. Si el monje llegó después a

---

4 Se refiere al libro *El monje que vendió su Ferrari: Una fábula sobre alcanzar nuestros sueños y cumplir nuestro destino*, de Robin Sharma. [N. del E.]

la conclusión de que aquel objeto no era más que un juguete caro y podía vivir sin él y con toda razón, mejor para él. Pero lo que el monje vendió no fue el Ferrari, sino el estilo de vida sobreestresado que no le permitía disfrutar su vida por estar compitiendo económicamente contra un paradigma social.

En mis palabras, creo que es importante primero hornear el pastel, hacer el esfuerzo por el logro económico y luego entender que no podemos ser la suma de nuestras riquezas económicas, sino que éstas tuvieron que ser provocadas por descubrimientos internos y exigencias sublimes que nos hicieron mejores personas. Así, las posiciones económicas son consecuencias —siempre lo son— de haber tenido las causas correctas, de haber crecido lo suficiente, incluso un poquito más para terminar desdeñándolas.

Pero mientras no tengas ese crecimiento desarrollado, sigue persiguiendo el Ferrari. Disfruta la carrera lo mismo que la meta. "Atrévete a soñar sólo aquello que estés dispuesto a lograr." Nuestra esencia básica, distorsionada por un sistema de creencias equivocado en nuestra primera infancia sigue estando ahí, reflejada en dos preceptos básicos:

1. Somos competitivos desde antes de nacer.
2. Debemos hacer bien lo que tenemos que hacer bien, si no, no hubiéramos nacido. Así pues, en la etapa de la vida en que estés, enfócate pero con conciencia plena, en el resultado que estás persiguiendo, pero también en el qué y para qué del resultado que persigues.

Equilibra el peso del beneficio *vs* el costo que estás pagando, y sin ser mediocre, sin dar menos de lo que puedes realmente dar y hasta dando un poquito más, balancea que ese costo nunca esté por encima de principios universales, no lastimes, no pisotees, no vejes a nadie, ni a ti mismo; no comprometas aquello que al final es irremplazable como los valores, la conciencia y el buen dormir derivado del bien hacer, que es tal vez la fuente máxima del bienestar y más aún del bien ser.

No te quedes a deber intentos ni esfuerzos o te quedarás a deber resultados, alegrías y crecimientos. Pero sé justo contigo mismo y espera salirte con la tuya y tener éxito sabiendo a dónde llegarás.

Cada éxito, cada fracaso, cada intento y cada logro está construyendo algo aún más grande e importante, está construyendo la consecución total de tu existencia, de tu trascendencia y de la memoria que de ti quede. Inscribirse en la vida de los demás es casi inevitable, el asunto es cómo te inscribes, qué dejas y con qué conciencia. Serás recordado y trascenderás al menos en la vida de los tuyos, al menos por momentos fugaces en la inmensidad del todo.

Lo fantástico es que puedes decidir por cuál puerta salir, cuáles éxitos construir y qué hacer con los resultados; qué batallas pelear, cuáles otras observar. Siempre con la visión humilde y sensata de que serás mucho más que cada uno de tus éxitos: serás la suma de todos ellos, de tus fracasos, de tus grandezas y pequeñeces, de tus mediocridades y de tu existencia, de los amaneceres que disfrutes lo mismo que de las sonrisas que le robes a tu pareja. Serás la suma de tus desvelos obsesivos por competir y ganar en cada carrera; como también de la paz que te permitas para verificar y disfrutar el horizonte que conquistaste.

No te permitas ganar sin disfrutar, o perder sin aprender, dormir sin descansar o caminar sin avanzar. No te permitas salirte con la tuya sin compartirte con la meta de otros. No te permitas, pues, morir sin haber llenado de vida tu existencia.